ZAGADKI
przyrodnicze

Don Conroy • Chris Wilson

ZAGADKI
przyrodnicze

1400
pytań i odpowiedzi

Z angielskiego przełożyli
Łucja Fostowicz-Frelik
Grzegorz Frelik

Świat Książki

Tytuł oryginału
WILDLIFE QUIZ AND AMAZING FACTS

Projekt okładki
Michał Sosnowski

Redaktor prowadzący
Paweł Kozłowski

Redakcja
Magdalena Hildebrand

Redakcja techniczna
Lidia Lamparska

Korekta
Bogusława Jędrasik
Beata Paszkowska

© Don Conroy/Chris Wilson 1999
All rights reserved
Copyright © for the Polish translation by Bertelsmann Media Sp. z o.o.
Warszawa 2003

Świat Książki
Warszawa 2003

Skład i łamanie
Plus 2

Druk i oprawa
Wrocławska Drukarnia Naukowa PAN

ISBN 83-7311-955-8
Nr 4106

Wstęp

Przez wiele lat z wielką przyjemnością uczestniczyliśmy i prowadziliśmy warsztaty dla dzieci i młodzieży w szkołach, bibliotekach i innych miejscach użyteczności publicznej w Irlandii. Entuzjazm młodych ludzi i ich zafascynowanie przyrodą jest niezwykle zachęcający i dobrze wróży na przyszłość. W czasie wyjazdów często zadawano nam zabawne, a niekiedy trudne pytania przyrodnicze. Jak daleko lata jaskółka? Ile oczu ma pająk? Jaki jest największy ssak świata? Naprowadziło nas to na pomysł napisania tej książki i wypełnienia jej zagadkami i zadziwiającymi faktami o naszym środowisku. Okazało się to zadaniem poważniejszym, niż sądziliśmy; skoro jednak obaj pasjonujemy się wszystkimi aspektami przyrody, podjęliśmy je i z radością prowadziliśmy poszukiwania. W tym miejscu musimy złożyć podziękowania wszystkim naszym przyjaciołom i kolegom za ich pomoc i zachętę. Największym wyzwaniem było napisanie książki dla wszystkich, która zaciekawi, nauczy i dostarczy rozrywki. Oto wynik. Czytajcie i bawcie się dobrze.

Don Conroy
Christopher J. Wilson

ZAGADKI przyrodnicze

1. Co to jest głuszec?
2. Gdzie w Polsce znajdziemy pozostałość pierwotnej puszczy?
3. Co oznacza termin gruboskórce?
4. Gdzie można spotkać gruszyczkę jednokwiatową?
5. Gdzie żyją żbiki?
6. Co to jest rożeniec?
7. Co to jest bobrek?
8. Co to jest rosiczka?
9. Co to jest mustang?
10. Jak się nazywa larwa chrabąszcza?
11. Jak nazywamy owoce jesionu?
12. Czy łabędź niemy jest niemy?
13. Co to jest białorzytka?
14. Jakie zwierzęta w powieści Brama Stokera *Drakula*, nazywane są „dziećmi nocy"?
15. Skąd pochodzi nazwa: biegus Temmincka?

ODPOWIEDZI

1. To ptak wielkości indyka, zamieszkujący lasy Europy; w Polsce pod ochroną.
2. W Puszczy Białowieskiej.
3. Zwierzęta z podrzędu obejmującego tapiry i nosorożce, zaliczane do nieparzystokopytnych.
4. Roślinę tę można spotkać w warstwie runa w lasach szpilkowych.
5. Większe od kota domowego żbiki zamieszkują górzyste regiony Europy. W Polsce żyją w Bieszczadach, Tatrach i Beskidach.
6. To kaczka. U samca tego gatunku pióra ogona są wydłużone i wygięte ku górze.
7. Roślina występująca na terenach podmokłych o białych lub różowych kwiatach.
8. Roślina owadożerna chwytająca owady za pomocą lepkich liści. Rośnie na torfowiskach.
9. Zdziczały koń żyjący w Ameryce Północnej.
10. Pędrak.
11. Skrzydlaki.
12. Nie. Wydaje rozmaite syczące i gardłowe dźwięki (młode są bardziej rozgadane niż osobniki dorosłe).
13. Wędrowny ptak z rodziny drozdów.
14. Wilki.
15. Został tak nazwany na cześć Konrada Temmincka, zoologa zmarłego w 1858 roku.

ZAGADKI przyrodnicze

1. Który z ptaków jest używany w sokolnictwie do polowania na lisy w Mongolii i w Chinach?
2. Skąd pochodzi bażant?
3. Do jakiej rodziny należą ptaki o nazwach gatunkowych „łąkowy", „zbożowy" i „stawowy"?
4. Jak nazywa się najmniejszy ptak drapieżny Europy?
5. Co oznacza termin *synsacrum*?
6. Co to jest paszkot?
7. Jak brzmi staropolska nazwa dzięcioła zielonego?
8. Jak nazywa się kolonia gniazdowa czapli szarych?
9. Co to jest pełzacz?
10. Co to jest kuklik zwisły?
11. Skąd wzięła się nazwa: napójka łąkówka?
12. Która z roślin dostarcza digitaliny, substancji stosowanej w leczeniu chorób serca?
13. Jak nazywa się największy chrząszcz wodny Polski?
14. Jaka rodzina ptaków jest charakterystyczna zarówno dla terenów zabudowanych, jak i zadrzewionych?
15. Co to jest kobuz?

ODPOWIEDZI

1 Orzeł przedni.
2 Z południowej Rosji i Chin, wprowadzony do celów łowieckich w Europie.
3 Są to błotniaki należące do jastrzębiowatych.
4 Drzemlik.
5 Jest to sztywny fragment szkieletu ptaka, powstały ze zrośnięcia odcinków tułowiowych kręgosłupa z kośćmi miednicy.
6 Gatunek drozda.
7 Żołna.
8 Czapliniec.
9 To mały ptak leśny o wydłużonym, zagiętym do dołu dziobie, którym poszukuje owadów ukrytych w korze drzew.
10 Bylina z rodziny różowatych, występująca na terenach wilgotnych.
11 Ta ćma często spotykana jest na podmokłych łąkach.
12 Naparstnica, spotykana w lasach i zaroślach.
13 Kałużnica, osiąga do 50 mm długości.
14 To środowiska rodziny wróblowatych.
15 To niewielki sokół zamieszkujący Europę. Potrafi nawet upolować jaskółkę czy jerzyka w locie.

ZAGADKI przyrodnicze

1. Wymień trzy gatunki bekasów spotykane w Polsce.
2. Co to jest zakwit wody?
3. Dlaczego jeden z lelków nazywany jest lirnikiem?
4. Co to jest głowienka długodzioba?
5. Co to jest tracz?
6. Co oznacza termin „rośliny segetalne"?
7. Co znaczy termin „rurkonose"?
8. Co oznacza powiedzenie „martwy jak dodo"?
9. Co to jest bonzai?
10. Kiedy wyginęła alka olbrzymia?
11. Co oznacza termin „halofit"?
12. Co to jest gniazdownik?
13. Ile procent Ziemi jest pokryte wodą?
14. Co oznacza nazwa „psammon"?
15. Co to jest „zagniazdownik"?

ODPOWIEDZI

1. Kszyk, dubelt i bekasik.
2. Nagły rozwój glonów w zbiorniku wodnym.
3. Samiec tego ptaka ma silnie wydłużone dwie zewnętrzne sterówki, wygięte w kształcie liry.
4. Amerykańska kaczka o czerwonawej głowie, białawym upierzeniu grzbietu i czarnej piersi. Z wyglądu przypomina europejską głowienkę.
5. Ogólna nazwa kilku gatunków kaczkowatych, np. nurogęsi czy szlachara.
6. Rośliny towarzyszące człowiekowi (m.in. rośliny ruderalne lub synantropijne), rosnące na terenach, gdzie człowiek zniszczył pierwotną roślinność.
7. To nazwa grupy ptaków obejmującej albatrosy, fulmary, burzyki, nawałniki i petrele.
8. Całkowicie zapomniany lub martwy. Powiedzenie to wzięło się z faktu, iż dodo, wielki ptak niegdyś zamieszkujący Mauritius, został zupełnie wytępiony.
9. Japońska sztuka uprawy w doniczkach specjalnie kształtowanych drzew.
10. Około 1844 roku.
11. Roślinę słonolubną, rosnącą na soliskach.
12. Termin stosowany do młodego ptaka, który zostaje w gnieździe, dopóki nie zacznie latać. Po wylęgu młode jest zwykle nieopierzone i niezdolne do większej aktywności ruchowej.
13. Około 70%.
14. Zespół organizmów żyjących w wilgotnym lub okresowo zalewanym piasku.
15. Ptak, który opuszcza gniazdo prawie natychmiast po wykluciu. Zazwyczaj pokryty jest puchem i zdolny do samodzielnego poruszania się.

ZAGADKI
przyrodnicze

1. Co oznacza i skąd się wzięła nazwa „pienik"?
2. Jakie kolory w przyrodzie często pełnią rolę ostrzegawczą?
3. W jaki sposób gra konik polny?
4. Co wspólnego mają ze sobą drżączka, miotła, szczotlica i wyczyniec?
5. Co to jest rozrzutka?
6. Co oznacza termin „klonowanie"?
7. Co to jest mimikra?
8. Co to jest ekosystem?
9. Co oznacza słowo „fauna"?
10. Co to takiego środowisko?
11. Egzotyczny w odniesieniu do przyrody – co to znaczy?
12. Co to jest saprofit?
13. Ile nóg ma owad?
14. Czym jest bezkręgowiec?
15. Czym są helofity?

ODPOWIEDZI

1. To owad, którego samice wydzielają pienistą substancję, a w niej rozwijają się larwy.
2. Czerwony i czarny.
3. Konik polny wydaje dźwięki, pocierając tylnymi nogami (opatrzonymi niewielkimi wzgórkami) o skrzydła.
4. Są to gatunki traw.
5. Jest to paproć.
6. Nazywamy tak wytwarzanie potomstwa na drodze rozrodu bezpłciowego.
7. Zdolność zwierząt do wtapiania się w otoczenie dzięki ochronnej barwie, kształtowi czy zachowaniu.
8. Terminem tym określamy ogół organizmów i zamieszkiwany przez nie obszar. Można go stosować zarówno do małych, jak i wielkich obszarów, np. stawu czy kuli ziemskiej.
9. Ogół zwierząt zamieszkujących dany teren.
10. Siedziba gatunku, organizmu bądź zbiorowiska.
11. Gatunek rośliny czy zwierzęcia wprowadzony na obszar, gdzie nie występował w naturze.
12. Organizm (zwykle roślina lub grzyb) żywiący się obumarłą materią organiczną.
13. Sześć.
14. Zwierzę pozbawione szkieletu osiowego (struny grzbietowej lub kręgosłupa).
15. Rośliny rosnące na bagnach.

ZAGADKI
przyrodnicze

1. Co to jest paurako?
2. Co to jest kapibara?
3. Jak nazywa się największy wąż Amazonii, chętnie przebywający w wodzie?
4. Co to tragopan?
5. Co to jest langur?
6. Co to jest tak zwana strzałka piorunowa?
7. Co to jest lawa?
8. Gdzie leży Dolina Ryftowa?
9. Co to są stalaktyty i stalagmity?
10. Jaka jest między nimi różnica?
11. Co to jest padalec?
12. Wymień cztery gatunki węży spotykane w Polsce.
13. Jak nazywa się jedyna żaba spotykana w Irlandii?
14. Podaj gatunki żab spotykane w Polsce.
15. Ropucha paskówka biega, a nie skacze. Prawda czy fałsz?

ODPOWIEDZI

1. Amerykański gatunek lelka.
2. Największy żyjący gryzoń, krewny świnki morskiej.
3. Anakonda.
4. Piękny ptak z rodziny kurowatych, rozmiarów indyka, występujący w niższych partiach Himalajów.
5. Gatunek małpy, częsty w Indiach.
6. Tak nazywa się znajdowane w skałach skamieniałe rostra belemnitów.
7. Wrząca płynna skała wydostająca się na powierzchnię ziemi.
8. We wschodniej Afryce.
9. Mineralne osady jaskiniowe.
10. Są to jaskiniowe wapienne formy naciekowe. Stalaktyty rosną w dół ze stropu jaskini, a stalagmity narastają na jej dnie.
11. Beznoga jaszczurka.
12. Zaskroniec zwyczajny, gniewosz plamisty, żmija zygzakowata i wąż Eskulapa (bardzo rzadki).
13. Żaba trawna.
14. Żaba trawna, moczarowa, dalmatyńska, śmieszka, jeziorkowa i wodna.
15. Prawda.

ZAGADKI przyrodnicze

1. Co to jest kowalik?
2. Gdzie spotkamy harpię?
3. Jaki pingwin jest największy na świecie?
4. Czym żywi się niedźwiedź polarny?
5. Gdzie występuje ryś rudy?
6. A gdzie żyje ryś?
7. Co to jest rosomak?
8. Gdzie można spotkać pingwina złotoczubego?
9. Czy koala jest misiem?
10. Co stanowi główny pokarm koali?
11. Co to jest torbacz?
12. Co to jest rozella?
13. Gdzie można spotkać lirogona?
14. Gdzie żyje małpożer?
15. Jaki jest najpospolitszy pingwin świata?

ODPOWIEDZI

1. Niewielki ptak, często spotykany w lasach i parkach.
2. W Ameryce Południowej.
3. Pingwin cesarski. Wyprostowany sięga człowiekowi do pasa.
4. Głównie fokami, małymi ssakami (lemingami, a nawet pieścami) oraz rybami.
5. Ten krewny naszego rysia występuje w Ameryce Północnej.
6. Zasiedla Eurazję i Amerykę Północną.
7. To największy przedstawiciel łasicowatych, zamieszkujący m.in. północną Europę.
8. Na subantarktycznych wyspach (Szetlandy Południowe, Georgia Południowa, Wyspy Kerguelena i Wyspy Crozeta).
9. Nie. To torbacz.
10. Liście eukaliptusa.
11. To ssak, którego młode rodzą się słabo rozwinięte i dalszy rozwój przechodzą w matczynej torbie.
12. To rodzaj papug.
13. W Australii.
14. Na Filipinach. Jest to jeden z najrzadszych ptaków świata: przetrwało poniżej stu osobników.
15. Pingwin Adeli. Występuje wyłącznie na Antarktydzie i kilku pobliskich wyspach.

Zdumiewające fakty

Nietoperze żarłoki
Dziesięć milionów molosów zamieszkuje jaskinię Bracken. Wspólnymi siłami pożerają co noc 100 ton owadów.

Zwierzęta w sądzie
W mniej cywilizowanych czasach zwierzęta łamiące ustanowione przez ludzi prawa musiały ponosić konsekwencje. Na przykład w średniowiecznej Francji świniom pozwalano włóczyć się swobodnie po wiejskich ulicach, czego czasami nadużywały. Jedną z takich świń powieszono w 1394 r. w Normandii za zjedzenie dziecka. Podobną zbrodnię popełniła maciora wraz z sześcioma warchlakami w 1547 roku. Świnię powieszono, młode zaś, ze względu na ich wiek i zły matczyny przykład, puszczono wolno.

Przedsiębiorcza wydra morska
Wydra morska używa „ulubionego" kamienia do rozbijania muszli mięczaków. Gdy kamień nie jest potrzebny, wydra nosi go pod pachą, aż do następnego razu.

Na tropie
Zmysł węchu psa posokowca jest milion razy czulszy niż ludzki.

O kłach
Wielkie kły samca pawiana są dłuższe niż lwie.

Wewnętrzne informacje
W każdej komórce ludzkiego ciała znajduje się jeden metr DNA zawierający do pięciu miliardów par zasad.

O rozmiarach atomu
Gdyby ułożyć obok siebie 100 milionów atomów, zajęłyby około 2,5 cm.

ZAGADKI
o ssakach

1. Kiedy pojawiły się na Ziemi pierwsze prawdziwe ssaki?
2. Jaki ssak jest najwybredniejszym smakoszem?
3. Człowiek ma lepszy wzrok niż kot. Prawda czy fałsz?
4. Wszystkie ssaki rodzą swe młode. Prawda czy fałsz?
5. Rodzina łasicowatych obejmuje: gronostaja, skunksy, borsuki, wydry. Ilu przedstawicieli liczy współcześnie?
6. Jaki jest największy lądowy drapieżnik?
7. Zawartość metanu wzrasta w ziemskiej atmosferze ośmiokrotnie szybciej niż stężenie dwutlenku węgla. Jakie zwierzę jest za to najbardziej odpowiedzialne?
8. Kiedy pojawiły się pierwsze naczelne?
9. Psy, zarówno dzikie, jak i udomowione, mają dobrze rozwinięty węch. Ile razy jest on lepszy niż ludzki?
10. Które zwierzę mogło dać początek legendom o syrenach?
11. Populacja lwa w Indiach, żyjąca w Parku Narodowym Gir, jest zagrożona wyginięciem. Ile sztuk w przybliżeniu liczy?
12. Pływacze (wale szare) pół roku spędzają na wędrówce z letnich żerowisk w Arktyce do miejsca rozrodu u wybrzeży Kalifornii. Jaki pokonują dystans?
13. Jaki ssak lubi sporządzać parasol do ochrony przed opadami?
14. W którym kraju występuje chutliwiec podmiejski?
15. Co to jest pademelon?

ODPOWIEDZI

1. Około 220 milionów lat temu, w triasie.
2. Koala. Jada liście tylko sześciu spośród 500 gatunków eukaliptusów rosnących w Australii. Spożywa około pół kilograma liści dziennie, przebierając ich ponad osiem kilogramów.
3. Fałsz. Każdy z 37 gatunków kotów widzi w ciemności nawet sześciokrotnie lepiej niż człowiek.
4. Fałsz. Dziobak i dwa gatunki kolczatek składają jaja.
5. W przybliżeniu 70 gatunków, z których jednak żaden nie występuje w Australazji.
6. To niedźwiedź polarny. Odnotowano okaz o wadze 1000 kg i długości 3,4 metra.
7. Ilość metanu produkowanego w ciągu roku przez krowy przekracza 62 miliony ton.
8. Przed 65 milionami lat, w kredzie.
9. W testach węch psów okazał się tysiąc do miliona razy czulszy niż ludzki.
10. Diugoń. Żeglarzom, obserwującym samice diugoni karmiące młode, przypominały one ludzi z płetwą ogonową.
11. Około 200 osobników.
12. Cała podróż, w każdą stronę zabierająca trzy miesiące, to około 20 tysięcy kilometrów. Tyle samo wynosi przeciętnie roczny przebieg rodzinnego samochodu.
13. Orangutan. Oddziera wielkie liście, by się pod nimi schronić w czasie ulew.
14. W Australii. To niewielki (rozmiarów myszy) torbacz.
15. Nieduży kangur zamieszkujący Australię.

ZAGADKI
przyrodnicze

1. Który z wielkich kotów zasiedla dżungle Ameryki Południowej: lampart, tygrys czy jaguar?
2. Co w języku malajskim znaczy słowo „orangutan"?
3. Co to jest leniwiec?
4. Który z pancerników potrafi zwinąć się w kulę?
5. Co to jest nandu?
6. Takahe – co to jest?
7. Co to jest karakara?
8. Ile jest gatunków pingwinów?
9. Jaki jest największy ssak lądowy?
10. Jak się nazywa największy ssak obu Ameryk?
11. Co wspólnego mają emu, nandu i struś?
12. W którym kraju występuje większość kangurów?
13. Jakie jest najwyższe zwierzę świata?
14. Jak długo może nurkować pingwin cesarski?
15. Jaka część światowych zasobów lodu znajduje się na Antarktydzie?

ODPOWIEDZI

1. Jaguar.
2. Człowiek z lasu.
3. To wolno poruszający się, nadrzewny ssak z Ameryki Południowej. Żywi się głównie liśćmi i owocami.
4. Bolita, zwana też pancernikiem kulowatym, zamieszkująca równiny Ameryki Południowej.
5. To duży nielotny ptak z Ameryki Południowej.
6. Spory ptak, chruściel. Uważany za wymarłego w latach dziewięćdziesiątych XIX w., został ponownie odkryty w 1948 roku. Obecnie około 180 osobników żyje na Nowej Zelandii.
7. To rodzaj ptaków drapieżnych liczący obecnie dziewięć gatunków.
8. Wyróżnia się 18 gatunków tych ptaków.
9. Słoń afrykański.
10. Bizon. Mierzy 2,2 m w kłębie.
11. Wszystkie są nielotne.
12. W Australii.
13. Żyrafa. Może osiągać do 5 m wysokości.
14. Potrafi pozostać w zanurzeniu przez 18 minut i zejść na głębokość 265 m.
15. 90%.

ZAGADKI
przyrodnicze

1. Z jakim rzędem ptaków utożsamia się tzw. dzienne drapieżniki?
2. Gdzie u nietoperza znajduje się koziołek?
3. Co to jest polder?
4. Co to są lotki ptaka?
5. Co to jest czerwony przypływ?
6. Czym żywią się pisklęta bażanta?
7. Ile kolców ma dorosły jeż?
8. Grzywacz to...
9. Gdzie znajduje się pylnik?
10. Gdzie spotkasz linię boczną?
11. Co to jest fotosynteza?
12. Co oznacza słowo „ksylofag"?
13. Podaj przynajmniej dwie z trzech głównych grup chmur.
14. Czym jest konwergencja antarktyczna?
15. Na jakich roślinach żeruje gąsienica nastrosza półpawika?

ODPOWIEDZI

1 Z sokołowymi.

2 Wewnątrz ucha. Jest to wyrostek skórny przydatny w oznaczaniu gatunku.

3 To teren wydarty przez człowieka morzu chroniony wałami.

4 Są to najważniejsze pióra lotne ptaka (wyróżniamy lotki pierwszego i drugiego rzędu).

5 Masowy pojaw jednokomórkowych organizmów morskich, nadających często wodzie rdzawy kolor.

6 Wyłącznie pokarmem zwierzęcym (owadami).

7 W przybliżeniu 12 tysięcy.

8 ...gatunek gołębia.

9 Wewnątrz kwiatu. Jest to część pręcika produkująca pyłek.

10 To linia biegnąca wzdłuż boku ryby, od skrzeli do ogona, związana z narządem zmysłu, pozwalającym rybie orientować się w środowisku.

11 Jest to proces, dzięki któremu roślina wytwarza pokarm, wykorzystując światło słoneczne, pochłaniane przez chlorofil (substancję nadającą zielony kolor liściom), wodę i dwutlenek węgla.

12 Organizm żywiący się drewnem.

13 Trzy główne typy chmur to: cumulus, czyli kłębiaste, stratus, czyli warstwowe, i cirrus, czyli pierzaste.

14 To obszar położony między 50°S i 60°S, gdzie zimne wody antarktyczne napotykają cieplejsze wody spływające ze średnich szerokości (Atlantyku, Pacyfiku i Oceanu Indyjskiego), zimne wody wpływają pod cieplejsze. Obszar konwergencji obfituje w pokarm i gatunki organizmów.

15 Głównie na gatunkach wierzby, w tym szarej, siwej, iwie, białej i witwie. Również na jabłoni, a niekiedy na śliwie, róży i topoli.

ZAGADKI
przyrodnicze

1. Co oznacza termin *Lepidoptera*?
2. Jedną z różnic pomiędzy traszką zwyczajną a jaszczurką żyworodną jest liczba palców kończyny przedniej. Które zwierzę ma ich więcej?
3. Gdzie znajdują się najstarsze odciski stóp w Irlandii i jakie zwierzę je pozostawiło?
4. Nazwa jakiego krzewu kojarzy się z wilkiem?
5. Ren amerykański to...
6. Ile gatunków ssaków żyje na świecie?
7. Ile gatunków liczy gromada ptaków?
8. W Irlandii występuje tylko jeden gatunek ptaka zagrożonego wyginięciem w skali globalnej. Jaki?
9. Jaki ptak podobny do bekasów żyje w środku lasu?
10. Najmniejszy europejski gatunek kaczki to...
11. Co to jest kwokacz?
12. Gdzie zimuje trzcinniczek?
13. Do jakiej rodziny należy wydra?
14. Co jest ulubionym pokarmem gąsienicy rusałki kratkowca?
15. Co to jest niełaz plamisty?

ODPOWIEDZI

1. Oznacza „łuskoskrzydłe" i jest naukową nazwą rzędu, do którego należą ćmy i motyle dzienne.

2. Traszka ma kończynę przednią zakończoną czterema, a jaszczurka żyworodna pięcioma palcami.

3. Na Valentia Island w hrabstwie Kerry. Pozostawił je czworonóg pośredni między płazami i gadami przed 385 mln lat. To o 150 milionów lat wcześniej, niż pojawiły się dinozaury.

4. Wawrzynka wilczełyko.

5. ...karibu.

6. Obecnie znanych jest 4629 gatunków.

7. Około 8700.

8. Derkacz.

9. Słonka.

10. ...cyraneczka. Podobnej wielkości, niekiedy o 1–2 cm mniejszy, jest gągołek, przybysz z Ameryki Północnej, kilka razy stwierdzony w Europie.

11. Długonogi brodziec o długim dziobie spotykany w estuariach i na obszarach pływowych.

12. W Afryce.

13. Do łasicowatych (*Mustelidae*), obejmującej również łasicę, gronostaja, norkę i kuny. Także borsuk jest przedstawicielem tej rodziny.

14. Pokrzywa.

15. To drapieżny torbacz sporych rozmiarów, zagrożony wyginięciem, spotykany już tylko w Queensland w Australii i na Tasmanii.

ZAGADKI
przyrodnicze

1. Który z polskich motyli nosi nazwę gatunkową „gołąbek"?
2. Paź królowej to...
3. Od czego pochodzi łacińska nazwa rodzajowa dudka, *Upupa*?
4. Inna nazwa kokoszki to...
5. Jakich dwóch, częstych w Wielkiej Brytanii, lęgowych gatunków sów nie ma w Irlandii: uszatki, sowy błotnej, puszczyka, płomykówki czy pójdźki?
6. Z jaką grupą ptaków kojarzą się gatunki o nazwach „czubata", „rzeczna", „białoczelna", „popielata" i „różowa"?
7. Co to jest jaźwiec?
8. Co to jest tojad?
9. Który z małych ptaków siewkowatych zawdzięcza swą nazwę zwyczajowi odwracania kamyków na brzegu plaży?
10. Dlaczego ptaki, na przykład pliszki siwe, podlatują do okien i szyb samochodów?
11. Co to takiego pluskolec?
12. Co to jest traszka?
13. Czy ostrygojad zjada ostrygi?
14. Stalugwa to dawna nazwa...
15. Jaki ptak jest w logo OTOP-u (Ogólnopolskiego Towarzystwa Ochrony Ptaków)?

ODPOWIEDZI

1. Fruczak.
2. ...piękny motyl dzienny.
3. Ten ładny ptak o imponującym czubku zawdzięcza swą łacińską nazwę wydawanemu głosowi.
4. ...kurka wodna.
5. Puszczyka i pójdźki.
6. Chodzi o rybitwy.
7. To inaczej borsuk, największy przedstawiciel rodziny łasicowatych w Polsce.
8. Rodzaj bardzo trujących roślin z rodziny jaskrowatych. W przeszłości używano go w przynętach na wilki i lisy, jak również nacierano nim groty strzał.
9. Kamusznik.
10. Ptak, widząc swe odbicie w szybie, uznaje je za innego osobnika tego samego gatunku i chce przepędzić intruza ze swego terytorium.
11. To pluskwiak różnoskrzydły, mieszkaniec strumieni i jezior, pływający grzbietem do dołu. Wykorzystuje tylne odnóża jako wiosła, a nurkując, zabiera pęcherzyk powietrza do oddychania, uczepiony odwłoka.
12. Płazem (tak jak żaby, ropuchy i salamandry). Preferuje środowiska wilgotne.
13. Nie. Jego pokarm stanowią głównie: czareczki, omułki, robaki i inne morskie bezkręgowce.
14. ...samotnika (ptak brodźcowaty).
15. Raniuszek.

ZAGADKI przyrodnicze

1. Australijska nazwa „wobbegong" oznacza...
2. Co to jest wombat?
3. Od czego pochodzi nazwa: drozd obrożny?
4. Co to jest bylica?
5. Co to jest głos alarmowy?
6. Co to jest ssak?
7. Co to jest drapieżnik?
8. Jak nazywamy samicę lisa?
9. Jaki ssak został wprowadzony do Irlandii przez Normanów?
10. Co to jest tamaryndowiec?
11. Ile procent wody na świecie stanowi woda słodka?
12. Wymień dwa podstawowe typy torfowisk.
13. Gdzie zwykle można spotkać: nartnika, krętaka, wypławka, larwę komara, pływaka i pchlicę wodną?
14. Wymień cztery stadia rozwojowe motyla.
15. Co to jest mrównik?

ODPOWIEDZI

1. ...rekiny z rodzaju *Orectolobus*, zwane też „rekinami dywanowymi", zamieszkujące Ocean Spokojny.

2. To roślinożerny torbacz spokrewniony z koalą. Dwa gatunki występują w południowej Australii.

3. Samiec tego gatunku ma białą półobrożę na piersi. Ptak ten występuje na terenach górzystych.

4. Rodzaj roślin z rodziny złożonych o silnym aromacie, występujących głównie na półkuli północnej. Znanych jest ponad 250 gatunków.

5. To głos ptaka reagującego na potencjalne niebezpieczeństwo, ostrzeżenie dla młodych czy reszty stada.

6. Ssaki to stałocieplne zwierzęta kręgowe, karmiące młode mlekiem.

7. Tak nazywamy organizmy zjadające inne zwierzęta.

8. Suką lub liszką.

9. Królik, przed 800 laty.

10. To wysokie, wiecznie zielone drzewo. Strąki i nasiona są jadalne.

11. 3%.

12. Torfowiska wysokie i torfowiska niskie.

13. Przy powierzchni wody.

14. 1. jajo, 2. gąsienica (larwa), 3. poczwarka i 4. owad dorosły (imago).

15. To dość niezwykły, spory ssak afrykański. Jego główny pokarm stanowią termity.

ZAGADKI
przyrodnicze

1. Jaką kość często znajdowaną na plaży podaje się ptakom hodowanym w domu?
2. Co oznacza słowo „pelagiczny"?
3. Gdzie znajduje się strefa hadalu?
4. Co to są tsunami?
5. Skąd bierze początek Prąd Zatokowy?
6. Ile jaj składa w morzu samica homara?
7. Jak nazywamy samicę dzika?
8. Jakie gatunki fok spotykane są na naszym wybrzeżu?
9. Jakie zwierzę podobne do foki ma w szczęce dwa spore kły?
10. Dlaczego angielska nazwa foki grenlandzkiej (*harp seal*) wiąże się z harfą?
11. 1% powierzchni oceanu światowego dostarcza 60% światowych połowów ryb. Prawda czy fałsz?
12. Co to są fiszbinowce?
13. Płetwa ogonowa walenia jest ustawiona poziomo i porusza się z dołu do góry, podczas gdy u ryb pionowo i porusza się na boki. Prawda czy fałsz?
14. Jak nazywa się płetwa na grzbiecie walenia?
15. Gdzie zwykle można znaleźć wala szarego?

ODPOWIEDZI

1. Kość sepiową, będącą wewnętrzną muszlą mątwy. Podaje się ją ptakom pokojowym do ścierania dziobów i jako źródło wapnia.
2. Związany z otwartym morzem. Używane w odniesieniu do organizmów zamieszkujących otwarte wody, w tym do ptaków, które odwiedzają ląd wyłącznie w celu rozrodu.
3. Jest to część oceanu, położona na bardzo znacznej głębokości, poniżej średniego poziomu dna morskiego.
4. To potężne fale wywoływane m.in. wybuchami wulkanów i wstrząsami tektonicznymi.
5. Niedaleko wybrzeża Florydy.
6. Od 5 do 40 tysięcy.
7. Lochą lub samurą.
8. Foka szara, foka pospolita i nerpa.
9. Mors.
10. Zwierzę to na grzbiecie ma plamę w kształcie liry z końcami skierowanymi ku tyłowi ciała.
11. Prawda.
12. Walenie filtratory.
13. Prawda. Jest to najłatwiejszy sposób ich rozróżnienia.
14. To płetwa grzbietowa.
15. W północnej części Oceanu Spokojnego i Morzu Arktycznym.

ZAGADKI
przyrodnicze

1. Jak brzmi inna nazwa orki?
2. Jakie drzewo nazywane jest królem drzew?
3. Który z ptaków morskich od niedawna zasiedla dachy domów w miastach?
4. W powieści Hermana Melville'a *Moby Dick* jest mowa o białym wielorybie. O jaki gatunek chodzi?
5. Co zjada zwierzę wszystkożerne?
6. Gdzie po raz pierwszy został udomowiony kot?
7. Co to jest pasożyt?
8. Co to jest monofag?
9. Co to jest strzyżak jelenica?
10. Jak brzmi inna nazwa pumy?
11. Gdzie szukałbyś pantery śnieżnej?
12. Jakie zwierzę nazywają w Ameryce „śpiewającym psem"?
13. Szynszyla – co to takiego?
14. Co to jest argali?
15. Dlaczego foki zdają się płakać na lądzie?

ODPOWIEDZI

1. Miecznik.
2. Dąb.
3. Mewa srebrzysta.
4. O kaszalota.
5. Zwierzę zjada zarówno pokarm roślinny, jak i zwierzęcy.
6. W Egipcie przez starożytnych Egipcjan. Uważali go za zwierzę święte. Nasz kot domowy pochodzi od afrykańskiego kota nubijskiego.
7. Określamy tak zwierzę lub roślinę, które żyje na lub wewnątrz innego organizmu, żywiąc się jego kosztem.
8. Zwierzę odżywiające się wyłącznie jednym typem pokarmu.
9. To muchówka pasożytująca na jeleniach, sarnach i muflonach.
10. Kuguar.
11. W górach Azji Środkowej.
12. Kojota.
13. To gryzoń zamieszkujący Andy w Ameryce Południowej.
14. Jest to przedstawiciel rodziny wołowatych o imponujących rogach. Ten krewny owcy jest bardzo zwinny i występuje w Azji Środkowej.
15. Foki nie mają kanałów łzowych i wskutek tego płyn wycieka na ich futro. Normalnie zostałby on zmyty przez wodę, w której żyją.

Zdumiewające fakty

Zwierzęcy imprinting
Kiedy rodzi się źrebię zebry, matka pilnuje go, aby nie przyglądało się żadnej innej zebrze, dopóki nie zaznajomi się z umaszczeniem jej ciała. Ta nauka może trwać nawet do dwudziestu minut. Od tej pory młode zawsze rozpozna matkę po wyglądzie.

Węże górą
40 tysięcy ludzi umiera co roku od ukąszenia węży. W samych Indiach ma miejsce 75% tych wypadków.

Na odległość ramion
Jednym z najbardziej jadowitych zwierząt morskich jest pewna ośmiornica. Jej jad może zabić człowieka w ciągu dwóch godzin.

Mistrzowie rybołóstwa
Niektórzy rybacy w Japonii wykorzystują kormorany do połowu ryb. Przewiązują oni szyje ptakom, by zapobiec połykaniu przez nie zdobyczy.

Pracowita królowa
Królowa termitów może dziennie złożyć do 1000 jaj w tempie jedno na minutę.

Legendarny liść
Welwiczja rosnąca w Namibii czerpie wilgoć z rosy, a jej liście dorastają do 18 metrów długości.

Pochłaniacz
Mech torfowiec, rosnący na torfowiskach, może wchłonąć 25 razy więcej wody, niż wynosi jego sucha masa.

ZAGADKI
o ptakach

1. Jak nazywa się najmniejszy ptak świata?
2. Jak nazywa się najszybszy ptak na kuli ziemskiej?
3. Gdzie żyją rajskie ptaki?
4. Który gatunek ptaka ma największą rozpiętość skrzydeł?
5. Ile wynosi największa rozpiętość skrzydeł ptaka lądowego?
6. Jak nazywa się najcięższy ptak?
7. Jak nazywa się najcięższy latający ptak?
8. Jak nazywa się najcięższy ptak Polski?
9. Jak nazywa się jedyny gatunek ptaka o dziobie zakrzywionym na bok?
10. Który ptak ma najwięcej piór?
11. Który ptak ma najmniej piór?
12. Jak nazywa się jedyna całkowicie nielotna papuga?
13. Ile wynosi rekordowy pułap lotu ptaka?
14. Który ptak najszybciej macha skrzydłami?
15. Inna nazwa kakadu różowej to...

ODPOWIEDZI

1. Koliberek hawański z Kuby i wyspy Pines, mierzący tylko 5,7 cm długości. Samiec waży zaledwie 1,6 g.

2. Sokół wędrowny, którego zarejestrowana szybkość lotu nurkującego sięgała 180 km/h. Uważa się, iż podczas lotu godowego samiec może być znacznie szybszy i osiągać do 360 km/h, jakkolwiek wartość ta budzi wątpliwości.

3. W Australii i na Nowej Gwinei; znamy ponad 40 ich gatunków.

4. Albatros wędrowny, rozpiętość jego skrzydeł sięga 3,63 m.

5. Kondor olbrzymi i marabut mają skrzydła o rozpiętości do 3,2 m.

6. Struś, będący równocześnie najwyższym ptakiem świata. Największe znane osobniki należały do podgatunku z Afryki Północnej, ich waga wyniosła 156 kg, a wysokość do 2,7 m.

7. Za najcięższy gatunek zdolny do normalnego lotu w naturze uznaje się dropia. Dorosłe samce często osiągają 16,8 kg wagi, a rekordowe osobniki od 18 do 21 kg.

8. Łabędź niemy, którego samce często ważą do 14 kg.

9. Szydłodziobek, gatunek zasiedlający Nową Zelandię. Koniec jego dzioba jest zagięty w prawo o 12°. Ptak używa dzioba do poszukiwania owadów pod kamieniami.

10. Łabędź czarnodzioby, który ma 25 216 piór. 80% piór (ponad 20 tys.) pokrywa głowę i szyję ptaka.

11. Rudaczek północny, tylko 940 piór.

12. Kakapo, występująca na Nowej Zelandii.

13. 29 listopada 1973 roku odnotowano zderzenie sępa plamistego z samolotem transportowym na wysokości 11 274 m, nad Wybrzeżem Kości Słoniowej w Afryce. Samolot wylądował bezpiecznie, chociaż z wyłączonym silnikiem. Ptaka zidentyfikowano po piórach w silniku.

14. U kolibra ametyścika zanotowano 90 uderzeń skrzydła na sekundę. Jeszcze szybsze tempo zarejestrowano na końcach piór lotnych, lecz nie dotyczyło ono całego skrzydła.

15. ...kakadu palmowa.

ZAGADKI
przyrodnicze

1. Co to jest tygrzyk paskowany?
2. Co to jest skalikurek?
3. Gdzie można spotkać orła stepowego?
4. Co to jest warstwa lasu?
5. Gdzie żyją kolibry?
6. Gdzie żyją nektarniki?
7. Nietoperze owocożerne nie potrafią siadać na gałęziach ani wykorzystywać „ramion" do zrywania owoców, więc jak jedzą?
8. Które zwierzę wydaje najgłośniejsze dźwięki?
9. Co to jest tamandua?
10. Co to jest ryjkonos?
11. Co niezwykłego zaobserwowano u niektórych gatunków grzybów leśnych?
12. Jaka jest przeciętna grubość lodu na Antarktydzie?
13. Kto po raz pierwszy w 1773 roku przekroczył południowe koło podbiegunowe?
14. Jak nazywa się największa pustynia świata?
15. Co to jest moloch?

ODPOWIEDZI

1. Gatunek pająka o paskowanym żółto-czarnym odwłoku; spotykany w Europie.
2. Ptak z rodziny bławatników, z Ameryki Południowej.
3. W Afryce.
4. Zbiorowisko roślin w lesie zbliżonych wzrostem, pokrojem i formą życiową (np. warstwa drzew, warstwa runa leśnego itp.).
5. W obu Amerykach.
6. W Afryce, Azji i Australii.
7. Opadają na gałąź, chwytają owoc pyskiem i odlatują.
8. Wyjec.
9. Nadrzewny mrówkojad z Ameryki Południowej.
10. Owadożerny ssak długości do 30 cm, spotykany w Afryce. Wyszukuje pożywienie, posługując się wrażliwym wydłużonym nosem w kształcie trąbki.
11. Mogą świecić w ciemnościach.
12. 2 tys. metrów.
13. Kapitan James Cook.
14. Sahara, o powierzchni prawie 8,5 miliona kilometrów kwadratowych.
15. Kolczasta jaszczurka spotykana na pustyniach środkowej Australii.

ZAGADKI przyrodnicze

1. Gdzie żyje zając wielkouchy?
2. Co to jest kukawka?
3. Ile oczu ma pająk?
4. Co jest szczególnego w okresie lęgowym u pingwina cesarskiego?
5. Co to są pełzaczniki?
6. Co to jest kędziorek poi?
7. Który ptak biega najszybciej?
8. Do czego służą ptakom pióra?
9. Zarówno emu, jak i kangur występują w herbie Australii. Dlaczego?
10. Jaki ptak występuje w książce *Tajemniczy ogród* F. Burnett?
11. Jakiego koloru jest goździk morski?
12. Czy pierś młodego rudzika jest czerwona, pomarańczowa czy brązowo nakrapiana?
13. Co to jest czarnogłówka?
14. Gdzie żyje arirania?
15. Jaki ptak jest wymieniany w *Biblii* najwcześniej?

ODPOWIEDZI

1. W cieplejszych rejonach Ameryki Północnej.
2. Ptak zamieszkujący pustynne tereny Ameryki Północnej i Środkowej, należący do rodziny kukułkowatych.
3. Większość ma osiem; dziewięć gatunków – sześć.
4. Jedyne jajo samica składa w czasie antarktycznej zimy w temperaturze około –60°. Samiec, który wysiaduje jajo, musi w tym czasie pościć przez około 110–115 dni.
5. To ptaki z rodzaju *Xenops* zaliczane do rodziny garncarzy. Znanych jest pięć gatunków.
6. Ptak żywiący się nektarem, zamieszkujący Nową Zelandię i pobliskie wyspy.
7. Struś, osiąga do 96,5 km/h.
8. Pióra zapewniają ptakom izolację cieplną i umożliwiają lot.
9. Emu i kangur mogą się poruszać tylko do przodu. Ta cecha wywarła wrażenie na założycielach kraju, chcących stworzyć patrzący w przyszłość naród.
10. Rudzik.
11. Białego.
12. Brązowo nakrapiana.
13. Niewielka zwinna sikorka, spotykana również w Polsce.
14. U wybrzeży Amazonki.
15. Kruk.

ZAGADKI
przyrodnicze

1. Co mówiła papuga Johna Silvera w *Wyspie skarbów*?
2. Jakiego koloru jest kwiat mniszka pospolitego?
3. Co oznacza termin „szata ptaka"?
4. Ile gatunków szpaków spotykamy w Europie?
5. W jakiej skali mierzy się prędkość wiatru?
6. Która europejska ryba uważana jest za słodkowodny odpowiednik rekina?
7. Co to jest przestrojnik?
8. Jakie zwierzę jest bohaterem książki J.O. Curwooda *Władca skalnej doliny*?
9. Który z satelitów okrążających Ziemię jest najstarszy?
10. Jaki jest jedyny dziki gatunek psowatych spotykany w Wielkiej Brytanii?
11. Co to są obrazki plamiste?
12. Czy wszystkie małpy mają chwytne ogony?
13. Czym żywi się długopłetwiec?
14. Jaki jest największy gad USA?
15. Czym niezwykłym odznacza się baobab z Afryki i Australii?

ODPOWIEDZI

1. *Dublony! Dublony!* (Dublon to dawna złota moneta hiszpańska).
2. Żółty.
3. Upierzenie ptaka zróżnicowane w zależności od wieku, pory roku i płci.
4. Trzy: szpak, szpak jednobarwny i pasterz.
5. W skali Beauforta.
6. Szczupak.
7. Brązowy motyl z rodziny oczennic.
8. Grizzly.
9. Księżyc.
10. Lis.
11. Roślina wytwarzająca purpurowe jagody zebrane w kolbę okrytą białawą pochwą.
12. Nie, tylko część małp szerokonosych.
13. Krylem (niewielkie skorupiaki) i drobnymi rybami.
14. Aligator (opisano okazy mierzące do sześciu metrów).
15. Tubylcy uważają, iż rośnie „do góry nogami", gdyż korona wyglądem przypomina system korzeniowy.

ZAGADKI
przyrodnicze

1. Jak nazywa się legowisko niedźwiedzia?
2. Co to jest zeriba?
3. Co to jest kozia bródka?
4. Co to są przeżuwacze?
5. Ile wynosi wiek Słońca?
6. Co to są barczatki?
7. Co to jest płetwal karłowaty?
8. Do jakiej rodziny należy chrabąszcz majowy?
9. Który z przyrodniczych filmów Disneya zdobył *Oscara*?
10. Co to jest lepnica?
11. Gęś egipska żyje w Afryce na południe od Sahary. Gdzie jeszcze?
12. Pasikoniki i świerszcze to...
13. Jak nazywają się niedostępne schronienia dzikich zwierząt?
14. Z czego produkuje się olej rycynowy?
15. Czy w Europie żyją jeszcze dzikie wilki?

ODPOWIEDZI

1 Gawra.
2 Ogrodzenie z ciernistych krzewów wokół wsi czy obozu budowane w północno-wschodniej Afryce.
3 Grzyb z rodzaju goździeniec o gałązkowatym owocniku.
4 To podrząd parzystokopytnych, roślinożercy (mają złożony trzy- lub czterokomorowy żołądek, jedna z części jest magazynem, gdzie pokarm podlega fermentacji).
5 Ma ono 4,6 miliarda lat.
6 To rodzaj ciem. W Europie żyje wiele gatunków.
7 To najmniejszy wieloryb fałdowiec.
8 Ten chrząszcz, mogący wyrządzać duże szkody w uprawach, należy do rodziny żukowatych.
9 *The living desert.*
10 Roślina z rodziny goździkowatych, spotykana w Europie; w Polsce uprawiana w ogrodach.
11 Wolno żyjące stado rozmnaża się i zimuje w Norfolk w Anglii.
12 ...owady prostoskrzydłe (Orthoptera).
13 Mateczniki.
14 Produkowany jest z nasion rącznika, trującej rośliny pochodzącej z Afryki i Indii.
15 Tak. Mimo iż chronione w niektórych krajach, wilki są ciągle zagrożone wyginięciem z powodu kurczących się siedlisk.

ZAGADKI
przyrodnicze

1. Orlik jest nazwą ptaka i rośliny. Prawda czy fałsz?
2. Ile gatunków skorków występuje w Europie?
3. Skąd pochodzi papużka falista?
4. Gdzie mieszkają borsuki?
5. Jakiego koloru jest goryczka wiosenna?
6. Jaki lis nie jest ssakiem?
7. Czy wąsatka to ptak, ryba czy roślina?
8. Gdzie znajdziesz największy na świecie blok piaskowca?
9. Co to jest nasięźrzał?
10. Co to są nogogłaszczki?
11. Gdzie znajduje się kanał Beagle?
12. Ile waży nowonarodzone młode kangura rudego?
13. Co to jest makolągwa?
14. Co to jest zanokcica murowa?
15. Jak nazywa się górna część drzewa?

ODPOWIEDZI

1. Prawda. Orlik jest nazwą drapieżnego ptaka i rośliny z rodziny jaskrowatych.
2. W Europie występują 34 gatunki. Na świecie jest ich około 1300.
3. Z Australii.
4. W wykopanej przez siebie norze.
5. Jasnoniebieska.
6. Lis morski – jest rybą.
7. Wszystkie trzy odpowiedzi są poprawne.
8. W Australii. Równina Nullarbor ma powierzchnię 250 tysięcy kilometrów kwadratowych i jest jedną skalną płytą.
9. To paproć występująca na trawiastych zboczach i niekoszonych łąkach.
10. Pierwsza para odnóży pajęczaków, służąca głównie do chwytania pokarmu.
11. Na Ziemi Ognistej u wybrzeży Chile i Argentyny. Nazwany został na cześć statku Karola Darwina, twórcy teorii ewolucji.
12. Tylko 0,75 g!
13. Niewielki ptak z rodziny łuszczaków.
14. Mała paproć, rosnąca często w szczelinach murów.
15. Korona.

ZAGADKI
przyrodnicze

1. Co to jest kukabura?
2. Z czego składa się porost?
3. Co to jest błyszczka spiżówka?
4. *Amanita muscaria* często pojawia się na rysunkach w książkach z bajkami. Co to takiego?
5. Jaki kolor mają jaja szpaka?
6. Co to jest narząd szczątkowy?
7. Co to jest lentyszek?
8. Co to takiego kamieniuszka?
9. Z jaką szybkością kret kopie korytarze?
10. Co to jest boleń?
11. Szczątki tego podobnego do słonia ssaka, obecnie wymarłego, znajduje się m.in. w Europie. O jakie zwierzę chodzi?
12. Jak ubarwione są pisklęta ohara?
13. Czym zajmuje się algologia?
14. Jak nazywają się nasiona buka?
15. Jakiego zwierzęcia używa się tradycyjnie do poszukiwania trufli?

ODPOWIEDZI

1. Największy przedstawiciel rodziny zimorodków, zamieszkujący Australię.
2. Z dwóch organizmów: glonu i grzyba, których pewne gatunki wchodzą w symbiozę, tworząc plechę porostu.
3. To ćma z rodziny sówkowatych.
4. To muchomór czerwony, grzyb o czerwonym kapeluszu z białymi cętkami.
5. Niebieski.
6. Narząd zwierzęcia, który ma tendencję do redukcji, nie pełni użytecznej roli i w trakcie ewolucji stopniowo się uwstecznia.
7. Inaczej pistacja kleista. Krzew śródziemnomorski.
8. Kaczka z Ameryki Północnej.
9. Około 12 metrów na godzinę.
10. Drapieżna ryba z rodziny karpiowatych.
11. O mamuta.
12. Są czarno-białe.
13. Badaniem glonów.
14. Bukiew.
15. Świni (trufla to grzyb o podziemnym owocniku).

ZAGADKI
przyrodnicze

1. Co oznacza słowo „eurytopowy"?
2. Jak nazywa się pancerz żółwia?
3. Co bada konchiolog?
4. Jakiego koloru jest kwiat komonicy zwyczajnej?
5. Które owady mają największe oczy?
6. Która część muszli ślimaka nosi nazwę periostrakum?
7. Co to jest waruga?
8. *Arbutus unedo* jest naukową nazwą drzewa spotykanego w południowo-zachodniej Irlandii i południowej Europie. Jak brzmi jego polska nazwa?
9. W jakich krajach można spotkać pająki budujące zapadnie?
10. Gdzie zakłada gniazdo samica gągoła?
11. W jaki sposób *Acanthophis antarcticus*, jadowity wąż australijski, zwabia ofiarę?
12. Czym żywi się fruczak gołąbek?
13. Samiec konika morskiego „rodzi" młode. Prawda czy fałsz?
14. Ile jaj znosi struś?
15. Co to są marmozety?

ODPOWIEDZI

1. Określa organizm o szerokiej tolerancji względem danego czynnika środowiskowego.
2. Część grzbietowa to karapaks, a brzuszna – plastron.
3. Słowo oznacza badacza muszli.
4. Żółtego, rzadziej z pomarańczowymi czy czerwonymi plamkami.
5. Ważki. Największe oczy spośród nich mają ważki z cienistych tropikalnych lasów deszczowych, polujące o świcie i o zmierzchu.
6. Najbardziej zewnętrzna, rogowa jej warstwa.
7. To ptak występujący w tropikalnej Afryce, na Madagaskarze i w południowo-zachodniej Arabii, zwany w wielu językach „młotogłowem" z racji wyglądu.
8. Chruścina jagodna, zwana też drzewem poziomkowym.
9. W Afryce, obu Amerykach i w Australii. Zamieszkują one wyściełane pajęczyną ziemne norki, przykryte wieczkiem. Zdobycz po zaatakowaniu wciągają do wnętrza.
10. W dziupli na drzewie.
11. Zagrzebuje się cały z wyjątkiem ogona, którym wywija nad ziemią, naśladując robaka. Zaintrygowana ofiara zbliża się i zostaje zaatakowana.
12. Przytulią.
13. Prawda. Około tysiąca młodych wydostaje się z torby lęgowej na brzuchu samca.
14. Zwykle około 12. Gniazdo może być wspólne dla kilku samic i zawierać do 40 jaj.
15. Są to niewielkie małpki zamieszkujące lasy deszczowe Ameryki Południowej.

Zdumiewające fakty

Ślimacza opowieść
Jaja pospolitego ślimaka winniczka są wykorzystywane w niektórych laboratoriach przy ustalaniu grupy krwi u pacjentów.

Szybki lot
Jeden z najbardziej zadziwiających rekordów związanych z pierwszym lotem należy do jerzyka. Dziewicza podróż młodego jerzyka opuszczającego gniazdo może trwać do trzech lat. Ptaki te są przystosowane do jedzenia, picia i snu w powietrzu. Ich całe życie podporządkowane jest lataniu. Jedna z najciekawszych obserwacji dotyczyła stwierdzenia jerzyka, zaobrączkowanego w gnieździe w Oksfordzie, w pobliżu Madrytu trzy dni po wylocie z gniazda. Jest to odległość 1300 km, a ptak dopiero co opuścił gniazdo!

Ojcowska opieka
Samiec stepówki przenosi wodę dla swoich piskląt, nasączając nią pióra na piersi, z których młode mogą ją spijać.

Waga ciężka
Fragment gwiazdy neutronowej o rozmiarach główki szpilki waży milion ton.

Gołąb bohater
Jednym z odznaczonych bohaterów I wojny światowej był gołąb, przenoszący ważne informacje przez ogień artyleryjski wokół Verdun w 1916 roku. Ptak zginął po niebezpiecznej misji i pośmiertnie otrzymał Legię Honorową za odwagę.

Ptasi geniusz
W Japonii czapla zielonawa używa owadów jako przynęty w czasie łowienia ryb – tak jak człowiek łowiący na muchę. Oto zadziwiający przykład używania narzędzi w świecie zwierząt.

ZAGADKI o kwiatach

1. Jaka szczególna cecha umożliwia śnieżycy kwitnienie wczesną wiosną?
2. Która roślina rośnie najszybciej?
3. Co to jest anemogamia?
4. Co to jest pstrok?
5. Jaką bardziej znaną nazwę ma mordownik?
6. Jakie rośliny są ważnymi wskaźnikami zanieczyszczenia powietrza?
7. Co to jest transpiracja?
8. Z jakiego drzewa pozyskuje się korek?
9. Jakiego koloru jest owoc kaliny koralowej?
10. Co to jest skrzydlak?
11. Co to są rośliny okrytozalążkowe?
12. Która roślina wytwarza największy owoc?
13. Które rośliny wodne wytwarzają jedne z najsilniejszych trucizn?
14. W jaki sposób mech torfowiec uwalnia swe zarodniki?
15. Jaka jest wytrzymałość liści wiktorii królewskiej z Ameryki Południowej?

ODPOWIEDZI

1. Roślina ta wytwarza wystarczającą ilość ciepła, by wytopić otwór w śniegu.
2. Bambus. Niektóre gatunki rosną w tempie do 91 cm na dzień.
3. Zapylanie roślin przez wiatr.
4. To inaczej ostropest plamisty, roślina z rodziny złożonych.
5. Tojad, trująca roślina z rodziny jaskrowatych o ciemnofioletowych kwiatach. Dawniej myśliwi używali wyciągu z jej korzeni do zatruwania grotów strzał.
6. Porosty. Większość gatunków nie znosi zanieczyszczeń.
7. Proces utraty wody przez roślinę wskutek parowania z liści i łodyg.
8. Z dębu korkowego, rosnącego w południowej Europie i Afryce Północnej.
9. Czerwonego.
10. Suchy, niepękający owoc opatrzony skrzydlastymi wyrostkami.
11. Najbogatsza obecnie w gatunki grupa roślin.
12. Palma, lodoicja seszelska. Rośnie wyłącznie na Seszelach i wytwarza owoce o wadze do 20 kg, których pełny rozwój może trwać do 10 lat. Były one zwane „morskimi kokosami".
13. Pewne glony, powodujące tzw. czerwony zakwit. Toksyny produkowane przez te rośliny są trujące także dla człowieka.
14. Zarodnia w miarę dojrzewania kurczy się do jednej czwartej pierwotnych rozmiarów, a ciśnienie w niej osiąga wartość dwukrotnie większą niż w oponie samochodu. Następnie wieczko ulega odrzuceniu, a zarodniki wylatują jak z procy.
15. Wielkie liście tej rośliny, średnicy 2 metrów, unoszące się na wodzie, mogą utrzymać małe dziecko.

ZAGADKI
przyrodnicze

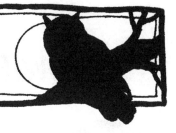

1. W jaki sposób wąż jajożer połyka duże jajo?
2. Co to są feromony?
3. Jakiego koloru są kwiaty groszku siewnego?
4. Który pająk ma na odwłoku plamę w kształcie krzyża?
5. Jak nazywa się najszybsze czworonożne zwierzę?
6. Jakiej barwy jest orka karłowata?
7. Gdzie gnieżdżą się maskonury?
8. Co to jest czuchotanie?
9. Jak nazywają się dwie wiewiórki z kreskówek z Kaczorem Donaldem?
10. Jak brzmi inna nazwa suchodrzewu?
11. Jaki jest skład chemiczny kalcytu i aragonitu?
12. Pospolity wśród zadrzewień śródpolnych i terenów otwartych, ma żółtawe upierzenie. Jaki to ptak?
13. Co to jest krawiec głowacz?
14. Ile jaj znosi samica nurzyka?
15. Czyich piór używali Indianie na pióropusze?

ODPOWIEDZI

1. Jajożer dzięki bardzo ruchliwym kościom szczęki może nasunąć się na duże jajo, które ulega podziurawieniu przez ostre wyrostki kręgów szyjnych w przełyku.
2. Lotne substancje zapachowe wydzielane przez organizm i rozprzestrzeniające się w otoczeniu, wywołujące reakcję u innych osobników danego gatunku.
3. Żółte.
4. Krzyżak ogrodowy.
5. Gepard.
6. Jest cała czarna.
7. W norach wygrzebanych w stromych trawiastych zboczach.
8. Jedna z części głosu tokowego cietrzewi, wydawanego przez samce na tokowiskach.
9. Chip i Dale.
10. Wiciokrzew.
11. Węglan wapnia. Różnią się pokrojem kryształów.
12. Trznadel.
13. Chrząszcz z rodziny żukowatych, mieszkaniec winnic.
14. Jedno duże jajo, na półce skalnej.
15. Piór młodych orłów przednich.

ZAGADKI
przyrodnicze

1. Gdzie znajdziesz żagiew pospolitą?
2. Ile jest rodzin wielorybów fiszbinowców?
3. Żółw olbrzymi z wyspy Abington jest gatunkiem zagrożonym wyginięciem. Ile przetrwało osobników tego gatunku?
4. Co jest rośliną żywicielską zmierzchnicy trupiej główki?
5. Gdzie u ptaka znajduje się skrzydełko?
6. Jaki kolor ma kwiat tłustosza?
7. Co oznacza słowo „nerytyczny"?
8. Jaki ptak nosi łacińską nazwę *Puffinus puffinus*?
9. Czy potrafisz wymienić cztery gatunki małp człekokształtnych, które są najbliższymi istniejącymi krewniakami człowieka?
10. W czyim podwodnym ogrodzie chcieli być Beatlesi?
11. Co to jest szczotecznica szarawka?
12. Jakie imię nosił tygrys z *Księgi dżungli* Rudyarda Kiplinga?
13. W razie zagrożenia niektóre jaszczurki mogą odrzucać swój ogon. Prawda czy fałsz?
14. W jaki sposób strzelczyk chwyta zdobycz?
15. Jakiego koloru są dojrzałe owoce cisu?

ODPOWIEDZI

1. To pospolita huba spotykana na drzewach liściastych.
2. Trzy. Jeden gatunek w rodzinie pływaczy, trzy gatunki w rodzinie wielorybów gładkoskórych i sześć – wielorybów fałdowców.
3. Tylko jeden, samiec zwany Samotnym Jerzym. Kiedy zginie, gatunek przestanie istnieć!
4. Gąsienice najchętniej wybierają ziemniaka.
5. To grupa kilku piór, leżąca na krawędzi skrzydła, przytwierdzona do kości kciuka.
6. Fioletowy.
7. Odnosi się ono do strefy płytkiej wody morskiej w pobliżu brzegu, nad szelfem kontynentalnym.
8. Burzyk północny.
9. Szympans, goryl, orangutan i bonobo.
10. W ogrodzie ośmiornicy.
11. Rozpowszechniona w Europie ćma.
12. Shere Khan.
13. Prawda. To zjawisko nazywamy autotomią.
14. Wyrzuca z pyszczka strumień wody, którym strąca owada z pobliskiej rośliny.
15. Czerwonego.

ZAGADKI
przyrodnicze

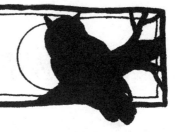

1. Wzrok płomykówki jest lepszy niż ludzki. Ile razy: 10, 50 czy 100?
2. Jak brzmi częstsza nazwa rogoży?
3. Jak nazywa się dziki australijski pies?
4. Tarnina to rodzaj...
5. Jaki gatunek ćmy zagrał w filmie *Milczenie owiec*?
6. Czym na pierwszy rzut oka słoń afrykański różni się od indyjskiego?
7. Co to jest główienka?
8. Jaką roślinę ma w herbie Szkocja?
9. Jakiego koloru jest oko kawki?
10. Skąd wzięły nazwę nawałniki?
11. Ile kręgów liczy odcinek szyjny u ssaków?
12. Pewne grzyby odżywiają się małymi robakami, zwanymi nicieniami. Jak je łapią?
13. Co to jest momot?
14. Platan wschodni nie występował dziko w Irlandii. Kto go sprowadził?
15. Gdzie biblijny Samson znalazł rój pszczół i miód?

ODPOWIEDZI

1. 100 razy lepszy. Zła wiadomość, jeśli jesteś myszą!
2. Pałka wodna.
3. Dingo.
4. ...śliwy.
5. Zmierzchnica trupia główka.
6. Słoń afrykański ma większe uszy niż indyjski.
7. To pospolita kaczka grążyca.
8. Oset.
9. Dorosłej białe, młodej jasnoniebieskie.
10. Ptaki te miały podobno zwiastować nadejście złej pogody.
11. Niemal u wszystkich ssaków siedem, oprócz syren i leniwców.
12. Grzyb formuje pętlę i gdy robak przeciska się przez nią, pętla stopniowo się zacieśnia, robak zostaje uwięziony i powoli zjedzony.
13. Ptak z rodziny piłodziobów, będących krewnymi zimorodków.
14. Rzymianie.
15. W ciele martwego lwa.

ZAGADKI
przyrodnicze

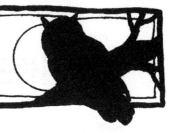

1. Z jakiej rośliny robiono dawniej liny?
2. Co to jest plecha?
3. Jakiego koloru jest dziób dorosłego samca kosa?
4. Gdzie zimuje dorosły nartnik?
5. Jak wygląda chrząszcz grabarz?
6. Gdzie rośnie przęstka pospolita?
7. Robaczek świętojański jest małym robakiem. Prawda czy fałsz?
8. Z czego robi się chińską „zupę z ptasich gniazd"?
9. Rodzina chrząszczy kózkowatych liczy ponad 20 tysięcy gatunków. Czym żywią się ich larwy?
10. Co to jest morświn?
11. Co wspólnego mają muchomór sromotnikowy, muchomór jadowity i wiosenny?
12. Co charakterystycznego jest w wyglądzie łątki dzieweczki?
13. Co to jest zagajnik?
14. Jaki kolor mają nogi szczudłaka?
15. Co łączy żyjące w Wielkiej Brytanii pluszcza, pardwę, czarnogłówkę, pliszkę siwą, raniuszka i gila?

ODPOWIEDZI

1. Z konopi.
2. To ciało glonów, grzybów, porostów i sinic.
3. Żółty.
4. Z dala od wody.
5. Jest czarny, z dużymi pomarańczowoczerwonymi plamami na pokrywach.
6. Tę częstą roślinę wodną można znaleźć na brzegach stawów i jezior.
7. Fałsz. Robaczek świętojański jest chrząszczem. Tylko samce potrafią latać.
8. Z gniazd salangan, zbudowanych z zaschniętej śliny tych ptaków.
9. Prawie wszystkie odżywiają się drewnem, atakując drzewa żywe i martwe.
10. Niewielki waleń zębowiec, spotykany również w Bałtyku.
11. Wszystkie są śmiertelnie trującymi grzybami. Muchomor sromotnikowy jest odpowiedzialny za 90% zgonów wskutek spożycia grzybów, pozostałe dwa gatunki są rzadsze.
12. Ta ważka ma opalizujące zielono lub niebiesko ciało (w zależności od płci) i przezroczyste skrzydła z czarnym pasem biegnącym w poprzek.
13. Niewielki las.
14. Bardzo długie nogi tego ptaka są czerwone.
15. Wszystkie są osobnymi podgatunkami znanych z kontynentu ptaków.

ZAGADKI
przyrodnicze

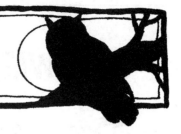

1. Gdzie mieszka lis?
2. Co to są sterówki?
3. Ile planet krąży wokół Słońca?
4. Co przechodzi między Ziemią a Słońcem, powodując zaćmienie Słońca: Księżyc, kometa czy deszcz meteorów?
5. Co to jest piotrosz?
6. Jaki ptak występował w filmie *Kes*?
7. Co to jest pięciornik kurze ziele?
8. Co to jest budleja?
9. Jakiego koloru są pióra pokryw podogonowych pliszki siwej?
10. Co to są *Arachnida*?
11. Co to jest tucuxi?
12. Co to jest orzechówka?
13. Gdzie znaleziono największą opisaną dotąd dżdżownicę?
14. Ogoniatki to inaczej...
15. Jaki kolor mają kwiaty psiego języka (ostrzenia pospolitego)?

ODPOWIEDZI

1. W norze, często wspólnie z borsukiem.
2. Główne pióra ptasiego ogona.
3. Wokół Słońca krąży dziewięć planet: Merkury, Wenus, Ziemia, Mars, Jowisz, Saturn, Uran, Neptun, Pluton.
4. Księżyc.
5. To ryba morska.
6. Pustułka.
7. Szeroko rozprzestrzenioną i częstą byliną porastającą łąki, pastwiska i torfiaste zarośla.
8. Inaczej omżyn, to krzew pochodzący z Azji.
9. Jasnocytrynowożółte.
10. To pajęczaki, obejmujące roztocze, skorpiony, zaleszczotki, pająki i kilka innych grup.
11. Jeden z najmniejszych delfinów, znany również jako delfin amazoński.
12. To ptak z rodziny krukowatych (Corvidae). Rozpowszechniony w Europie, rzadko zalatuje na Wyspy Brytyjskie.
13. W 1937 r. w południowej Afryce znaleziono okaz mierzący 6,7 metra długości i 2 cm średnicy.
14. ...raniuszki.
15. Czerwonobrunatny.

ZAGADKI
przyrodnicze

1. Gdzie znajdziesz owada o nazwie strzępotek?
2. Jakie znasz typy owoców pękających?
3. Ile lęgów odbywa jaskółka co roku?
4. Gdzie w Europie występuje kuropatwa górska?
5. Gdzie szukałbyś chitona?
6. Co to jest kłącze?
7. Ile znamy gatunków wali dziobogłowych?
8. Na czym polega różnica między entomologiem a etymologiem?
9. Równonogi są...
10. Ile znanych jest gatunków mrówek: 10, 15 czy 20 tysięcy?
11. Szyszka jodły olbrzymiej osiąga spore rozmiary (10 cm długości). Ile nasion zawiera?
12. Czym się zajmuje palinologia?
13. Co to jest batalion?
14. Jakiej barwy jest gąsienica marzymłódki proporca?
15. Co to jest porcelanka?

ODPOWIEDZI

1 Strzępotek jest motylem występującym na torfowiskach.

2 Należą tu m.in. mieszek, strąk i torebka.

3 Zwykle dwa do trzech.

4 Ten ptak spotykany jest na południu Bałkanów i na Krymie. Jego liczebność obecnie spada.

5 Ten morski mięczak żeruje na skałach przybrzeżnych, odżywia się glonami.

6 Łodygą podziemną, z zaznaczonymi bliznami liściowymi i pąkami.

7 Obecnie około 20, z których kilku nigdy nie obserwowano żywych.

8 Entomolog bada owady, a etymolog historię i pochodzenie wyrazów.

9 ...skorupiakami.

10 Około 15 tysięcy gatunków.

11 Do tysiąca.

12 Przedmiotem badań tej nauki są pyłki i zarodniki roślin.

13 To ptak siewkowaty, zwany też bojownikiem.

14 Pomarańczowo-czarna.

15 Ślimak o muszli opatrzonej na spodzie szczelinowatym otworem. Większość gatunków zamieszkuje wody tropikalne.

ZAGADKI
przyrodnicze

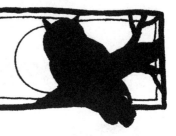

1. Co to jest szypszyniec?
2. Co to jest piżmaczek wiosenny?
3. Jaki ptak w starożytnej Grecji i Rzymie uważany był za „posłańca bogów"?
4. Pędy roślin z rodziny wilczomleczowatych wydzielają mleczny sok. Jaka jest jego rola?
5. Co to jest mleczko pszczele?
6. Jaki smak ma szczaw?
7. Co to jest orłosęp?
8. Elemelek był...
9. Co to jest barrakuda?
10. Jaki kolor mają kwiaty ślazu?
11. Ile gatunków kretów żyje na świecie?
12. Jak nazywa się największy żyjący obecnie płaz?
13. Gdzie znajdziesz listownicę?
14. Co to są głaszczki?
15. Co to jest plewka?

ODPOWIEDZI

1. Owad, którego larwy powodują powstanie krzaczastych narośli na róży szypszynie. Początkowo zielone, twory te w jesieni przebarwiają się na rudo.
2. To bylina o różowych kwiatach rosnąca w lasach i cienistych miejscach.
3. Orzeł.
4. To naturalny mechanizm obronny tych roślin przed liściożernymi owadami. Kiedy owad zjada liść, lepki sok zakleja mu narządy gębowe.
5. To pokarm produkowany przez pszczoły robotnice dla rozwijających się królowych.
6. Kwaśny.
7. Dużych rozmiarów sęp.
8. ...wróblem.
9. To drapieżna ryba otwartego morza żyjąca w stadach.
10. Różowy.
11. Do dziś opisano 27 gatunków.
12. Jest to japońska salamandra olbrzymia, dorastająca 1,5 m długości i 100 kg wagi.
13. Na wybrzeżu morskim. Glon ten przyczepia się do skał.
14. To narządy czuciowe u owadów i skorupiaków, ulokowane w pobliżu otworu gębowego.
15. To element kwiatu wielu traw.

Zdumiewające fakty

Ptasi śpiew
Wszystkie ptaki używają głosu do porozumiewania się. Niektóre powtarzają swój śpiew ponad tysiąc razy w ciągu dnia.

Ziemia?
Prawie 71% powierzchni kuli ziemskiej zajmują oceany.

Niemowlę
Najmłodszym oceanem jest Ocean Atlantycki. Powstał przed 200 milionami lat wskutek rozsunięcia się otaczających kontynentów.

Największy
Największym oceanem jest Ocean Spokojny. Zajmuje ponad 33% powierzchni globu.

Ukryte głębie
Najgłębszy fragment dna oceanicznego leży na głębokości 11 022 m.

Mordercza fala
Tsunami to fale, niepowodowane przez wiatr, osiągające ogromne prędkości do 750 km/h.

Przyciąganie z wysoka
Słońce i Księżyc wskutek przyciągania grawitacyjnego powodują pływy. Zadziwiająca jest skala rozpiętości ich poziomów, sięgających od zaledwie metra na Morzu Śródziemnym aż do 14,5 metra w Zatoce Fundy w Kanadzie.

Wielkie żarcie
Anakonda, jeden z największych węży świata, jest w stanie schwytać i połknąć zdobycz wielkości antylopy.

ZAGADKI
morskie

1. Do jakiej rodziny należy konik morski?
2. Co to są skorupiaki?
3. W którym z mórz rodzą się węgorze europejskie?
4. Jak nazywa się największa ryba europejska?
5. Do której z grup ryb należy anioł morski?
6. Ile macek ma ośmiornica?
7. Ile ramion i macek ma kalmar?
8. Co to jest rekinek psi?
9. Co to jest jesiotr?
10. Turbot, nagład, halibut, sola i gładzica należą do rzędu...
11. Czym żywi się długoszpar?
12. Jak nazywa się największy żółw morski?
13. Jak nazywa się największa ryba morska?
14. Czyje muszle wybiera najchętniej rak pustelnik?
15. Jak wyglądają jaja rekinka psiego?

ODPOWIEDZI

1. Iglicznowatych.
2. To grupa stawonogów, do których zaliczamy m.in. homary, kraby i krewetki.
3. W Morzu Sargassowym.
4. Długoszpar (rekin).
5. Do rekinów.
6. Osiem.
7. Osiem ramion i dwie długie macki.
8. Niewielki kilkudziesięciocentymetrowy rekin.
9. To ryba. Na świecie żyje ich 26 gatunków.
10. ...flądrokształtnych.
11. Planktonem.
12. Żółw skórzasty.
13. Rekin wielorybi.
14. Trąbika.
15. Są to twarde rogowe kapsuły o prostokątnym zarysie, przytwierdzane do podłoża.

ZAGADKI
przyrodnicze

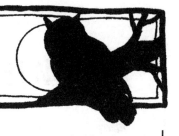

1. Co to jest mieszaniec?
2. Na czym polega zasadnicza różnica między grzybami a roślinami?
3. Co to jest stenbok?
4. Co to jest wirek?
5. Jakiego koloru barwnik produkują mątwy?
6. Co to jest protel?
7. Gdzie żyje kozioł śnieżny?
8. W jaki sposób tilapia nilowa opiekuje się świeżo wylęgłym narybkiem?
9. Ile młodych może liczyć miot szczura śniadego?
10. Jaki ptak występował w roli wysłannika diabła w filmie *Omen II*?
11. Co to jest kwiat pełny?
12. Która wiewiórka jest większa: szara czy pospolita?
13. W jakiej skale powstała większość jaskiń Europy?
14. Co to jest tarka?
15. Co to jest krępla?

ODPOWIEDZI

1. Wspólne potomstwo osobników dwóch gatunków.
2. Grzyby nie zawierają chlorofilu.
3. Niewielka antylopa zamieszkująca Afrykę.
4. To płaziniec.
5. Brązowy. Kolor sepia wziął swoją nazwę od greckiej nazwy mątwy.
6. Przedstawiciel rodziny hienowatych. To zwierzę nocne, żywiące się głównie termitami.
7. Ten krewniak kozicy zamieszkuje tereny górskie Ameryki Północnej. Ma zakrzywione rogi i białą sierść.
8. Ryba ta nosi młode w pysku.
9. Do dziesięciu.
10. Kruk.
11. To kwiat, którego słupek i pręciki zamienione zostały w dodatkowe barwne listki okwiatu.
12. Wiewiórka szara.
13. W wapieniu.
14. To język ślimaka.
15. Inaczej jukka, amerykańskie drzewo.

ZAGADKI
przyrodnicze

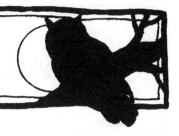

1. Co to jest żółtko?
2. Co oznacza słowo „flora"?
3. Co oznacza termin „edafon"?
4. Jakie węże najczęściej wykorzystują „zaklinacze węży" w Indiach?
5. Gdzie gnieździ się ohar?
6. Co to jest Konwencja bońska?
7. Skąd pochodzi szczur śniady?
8. Co to jest niepylak apollo?
9. Co to jest kremaster?
10. Co oznacza termin „juwenilny"?
11. Jak działa herbicyd?
12. Skąd pochodzi nazwa obuwika?
13. Jakiego koloru jest dziób rybitwy popielatej?
14. Co to jest pręcik?
15. Ile jest podgatunków sokoła wędrownego?

ODPOWIEDZI

1. To zapas pokarmu w jajach większości zwierząt (złożony z białek i kropel tłuszczu).
2. Oznacza roślinność danego obszaru czy miejsca.
3. Zespół organizmów żyjących w glebie.
4. Okularniki (kobry indyjskie).
5. W norach.
6. Przygotowana w Bonn w 1979 roku ma na celu ochronę zagrożonych wyginięciem i rzadkich zwierząt, które wędrują między różnymi państwami. Na mocy tego porozumienia podlega ochronie np. wiele gatunków ptaków.
7. Z Azji Południowo-Wschodniej.
8. Bardzo rzadki, chroniony w Polsce motyl, spotykany tylko w górach.
9. To zespół haczyków na końcu poczwarki motyla, ułatwiających zaczepianie się do podłoża.
10. Młodzieńczy. Może chodzić o okres rozwoju, szatę ptaka itd.
11. Zabija chwasty.
12. Kształtem kwiat tego storczyka przypomina trzewik.
13. Czerwonego.
14. Męski organ rozrodczy rośliny.
15. Wyróżnia się do 17 podgatunków.

ZAGADKI
przyrodnicze

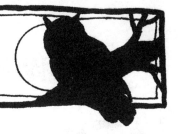

1. Jaki okwiat ma sit?
2. Delfin Hektora, jeden z najmniejszych, jest gatunkiem zagrożonym. Występuje tylko w jednym miejscu na świecie. Gdzie?
3. John James Audubon był jednym z wielkich ornitologów – artystów XIX w. Słynne Audubon Society w Ameryce zostało nazwane jego imieniem. Gdzie i w którym roku się urodził?
4. Jaką największą szybkość osiągnął orzeł przedni w locie nurkującym?
5. Jak nazywamy główkę tasiemca?
6. Walenie mają wszy. Prawda czy fałsz?
7. Co oznacza termin „hierarchia dziobania"?
8. Co oznacza słowo „migracja"?
9. Jaki jest najmniejszy ssak świata?
10. Jaka grupa ssaków znana jest pod nazwą płetwonogie?
11. Co to jest nimfa?
12. Jak nazywamy największy organ wewnętrzny kręgowców?
13. Jak nazywa się najmniejszy gatunek płetwonogich?
14. Które zwierzę wydaje najgłośniejszy dźwięk?
15. Do czego służą u muchówek tak zwane przezmianki?

ODPOWIEDZI

1 Okwiat situ składa się z łuskowatych, wolnych, identycznych listków, niezróżnicowanych na kielich i koronę.
2 U wybrzeży Nowej Zelandii. Osiąga tylko 1,4 m długości.
3 W Santo Domingo (obecnie stolica Dominikany) w 1785 r. Był synem Francuza i Kreolki.
4 Ponad 240 km/h.
5 Skoleks.
6 Prawda. Niektóre gatunki waleni są napastowane przez niewielkie skorupiaki pasożytnicze, nazywane wszą wielorybią.
7 To struktura socjalna występująca u wielu zwierząt żyjących w grupach.
8 Przemieszczanie się całych populacji zwierząt między dwoma obszarami, często o jednakowej porze roku.
9 Świnionos tajlandzki. Ten gatunek nietoperza zamieszkuje południowo-zachodnią Tajlandię. Długość jego głowy i tułowia wynosi zaledwie 2,9 do 3,3 cm. Waży tylko 1,7 do 2 gramów.
10 Foki, mors i uchatki.
11 Stadium larwalne owada.
12 Wątroba.
13 Foka zamieszkująca wyspy Galapagos, której samice mają średnio 1,2 m długości, a ważą około 27 kg.
14 Zarówno płetwal błękitny, jak i finwal wydają dźwięki o niskiej częstotliwości, których zmierzona głośność wyniosła 188 dB.
15 Ta przekształcona para skrzydeł prawdopodobnie dostarcza informacji związanych z równowagą.

ZAGADKI
przyrodnicze

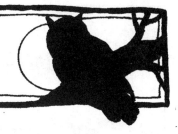

1. Największa, odkryta w 1901 r., kolonia ssaków należała do nieświszczuków. Ile liczyła osobników i jaki obszar zajmowała?
2. Która ryba składa największe jaja?
3. Który wąż jest najszybszy na świecie?
4. Co oznacza nazwa „Chelonia"?
5. Jak nazywa się największa jaszczurka?
6. Jaki gatunek dziko żyjącego ptaka jest najliczniejszy?
7. Z czym kojarzysz nazwę „skrzypłocz"?
8. Jaki ssak puszcza bańki, by ułatwić sobie zdobywanie pokarmu?
9. Co określamy mianem linienia?
10. Co oznacza termin „ziemnowodny"?
11. Ile trwa ciąża u słonia?
12. Co to jest hymenofor?
13. Który z rekinów jeszcze przed narodzeniem zapoznaje się z polowaniem?
14. Co to jest plankton?
15. Co oznacza „cykl życiowy"?

ODPOWIEDZI

1. Tę niezwykłą kolonię liczącą 400 milionów osobników znaleziono w Ameryce Północnej. Zajmowała powierzchnię 61 400 kilometrów kwadratowych.

2. Rekin wielorybi. Największe jajo tego gatunku znaleziono w Zatoce Meksykańskiej w 1953 r. Miało ono wymiary 30,5 × 14 × 8,9 cm. Zarodek w jego wnętrzu liczył 35 cm długości.

3. Czarna mamba, spotykana w Afryce. Na krótkich odcinkach może osiągnąć szybkość od 16 do 19 km/h.

4. Żółwie lądowe i morskie.

5. Waran z Komodo. Samiec osiąga średnio 2,25 metra długości.

6. Wikłacz czerwonodzioby z Afryki. Liczebność całej populacji oceniana jest na 1,5 miliarda.

7. Jest to odległy krewniak pająków i skorpionów. Skrzypłocz to jedno z najdawniejszych zwierząt; zmienił się niewiele w ciągu 200 milionów lat.

8. Wieloryby długopłetwce wykorzystują kręgi baniek jako podwodną sieć do łapania ryb.

9. Zrzucanie zewnętrznej warstwy skóry przez gady i uwalnianie się ze szkieletu zewnętrznego przez stawonogi w procesie wzrostu.

10. Zwierzęta, które mogą żyć zarówno na lądzie, jak i w wodzie.

11. 22 miesiące. To najdłuższa ciąża.

12. Część owocnika grzyba, na której tworzą się zarodniki (kapelusz).

13. Piaskowy tygrys. W ciągu roku spędzanego w jajowodzie matki najsilniejsze młode pożera resztę potomstwa i kiedy się rodzi, osiąga jedną trzecią długości osobnika dorosłego.

14. To organizmy unoszące się w wodach powierzchniowych mórz i jezior.

15. Kolejne stadia rozwoju organizmu od zapłodnionego jaja w pierwszym pokoleniu do zapłodnionego jaja w następnym.

ZAGADKI
przyrodnicze

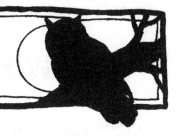

1. Ile waży nowo narodzone młode płetwala błękitnego?
2. Co oznaczają litery S.P.A.?
3. Co to są galasy?
4. Dlaczego krety kopią kopce?
5. Co to jest gleba glejowa?
6. Co to jest diabeł błotny?
7. Skąd wzięła się nazwa „meduza kompasowa"?
8. Skąd człowiek zaczerpnął pomysł wyrobu papieru?
9. Skąd wzięła się nazwa ptaka „krawczyk"?
10. Co to jest studniczek?
11. Czyje pióra Indianie z Ameryki Północnej uważali za święte?
12. Jaką długość może osiągnąć tasiemiec?
13. Który ptak musi codziennie zjeść pokarm ważący połowę tego, co on sam?
14. Co to jest żeglarz portugalski?
15. Jakiego koloru są kwiaty bagna zwyczajnego?

ODPOWIEDZI

1. Noworodki mogą ważyć do trzech ton.
2. Obszary objęte ochroną zgodnie z dyrektywą Unii Europejskiej, ze względu na szczególne znaczenie dla ptaków – ich ostoje.
3. To wyrośla na roślinie spowodowane przez larwy pasożytniczych owadów.
4. Ssaki muszą oddychać powietrzem atmosferycznym. Kopce kreta są szybami wentylacyjnymi pozwalającymi na obieg świeżego powietrza w tunelach.
5. To rodzaj nasyconej wodą, a ubogiej w tlen gleby gliniastej.
6. To gatunek dużego (do 70 cm długości) płaza ogoniastego, zamieszkującego bystre strumienie na wschodzie Stanów Zjednoczonych Ameryki.
7. Rysunek na kloszu tej meduzy przypomina tarczę kompasu.
8. Obserwując niektóre gatunki os. Owady te rozdrabniają drewno i produkują masę papierową do budowy gniazd.
9. Ptak ten, obdarzony długim ogonem, sporządza gniazdo, zszywając duże liście drzew i krzewów. Samica używa jako igły swego dzioba, za nić służy jej pajęczyna.
10. To mieszkaniec jaskiń. Skorupiak ten całe życie spędza w ciemności i nie ma rozwiniętych oczu.
11. Pióra orła.
12. Niektóre gatunki osiągają do 15 m długości.
13. Koliber. Tempo jego metabolizmu jest, obok niektórych ryjówek, najwyższe wśród zwierząt.
14. To rurkopław, będący w rzeczywistości złożoną kolonią osobników, powstającą z jednego jaja.
15. Białe i różowe.

ZAGADKI
przyrodnicze

1. Jak nazywała się ulubiona wydra króla Jana Sobieskiego?
2. Gdzie zwykle znajdziesz czareczkę?
3. Jak się nazywa miejsce odpoczynku zająca szaraka?
4. Gdzie na kuli ziemskiej występuje najdłuższy okres całkowitej ciemności przy zaćmieniu Słońca?
5. Ile czasu zajmuje Ziemi obieg wokół Słońca: dzień, miesiąc czy rok?
6. Jakie ryby stanowią podstawę jadłospisu maskonurów?
7. Jak nazywa się ostatnie stadium larwalne kraba?
8. Czy w Irlandii występuje znana z Polski mrówka rudnica?
9. Gdzie spotkasz bąka i z jakim ptakiem jest spokrewniony?
10. Jakiego koloru kwiaty ma storczyk męski?
11. Z czego znany jest samiec słonki?
12. Jaki kształt ma płetwa grzbietowa morświna?
13. Co to jest szablak zwyczajny?
14. Pod nazwą *Daphnia* kryją się...
15. Jakie choroby przenosi mucha tse-tse?

ODPOWIEDZI

1. Robak.
2. Na brzegu morskim. Ślimak ten zamieszkuje przybrzeżne skały, do których przywiera.
3. Myśliwi zwą takie miejsce kotliną.
4. Na równiku.
5. Rok.
6. Tobiasze.
7. Megalopa.
8. Tak.
9. Ten spory brązowy ptak brodzący zamieszkuje trzcinowiska i jest krewnym czapli.
10. Ten gatunek ma różowe kwiaty.
11. Z lotów tokowych, odbywanych o świcie i o zmroku. Samiec oblatuje swe terytorium wzdłuż leśnych duktów, rytmicznie uderzając skrzydłami i wydając serie chrapliwych pomruków przeplatanych piskiem, co ma przyciągać samice.
12. Trójkątny.
13. To ważka, szeroko rozprzestrzeniona w Europie.
14. ...rozwielitki.
15. Muchy te, ssąc krew, przenoszą choroby powodowane przez świdrowce, takie jak śpiączka.

ZAGADKI
przyrodnicze

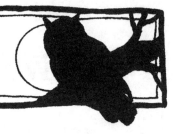

1. Jakie zwierzę jest największym wrogiem omułków?
2. Czym żywią się krocionogi?
3. Ile nóg ma kosarz?
4. Co to jest powszelatek?
5. Na czym polega zachowanie altruistyczne?
6. Jakiego koloru kwiaty ma lepnica?
7. Jer, gil, oknówka, sójka i białorzytka mają wspólną pewną cechę. Jaką?
8. Dwa rodzaje zwierząt noszą nazwę kur. Jakie?
9. Czy współcześnie występują głowonogi wyposażone w muszle zewnętrzne?
10. Jaki ptak morski został przez żeglarzy nazwany gołębiem przylądkowym?
11. Osy kopułki dla każdej ze swoich larw lepią oddzielną komórkę gniazdową z gliny i błota. Prawda czy fałsz?
12. Jaki kolor ma dziób dorosłej rybitwy czubatej?
13. Co to są czubacze?
14. Jak nazywa się największy gatunek sokoła?
15. Co to jest strzępotek?

ODPOWIEDZI

1. Rozgwiazda czerwona.
2. Krocionogi są roślinożerne, zjadają też martwe szczątki roślinne.
3. Osiem. To pajęczak.
4. To jeden z najprymitywniejszych i najbliższych ćmom motyli dziennych.
5. To działanie jakiegoś osobnika, zwiększające szansę przeżycia innego, często potomstwa bliskiego krewnego, nawet za cenę możliwej śmierci. Na przykład, żądląc, pojedyncza pszczoła przynosi korzyść rojowi, choć sama ginie.
6. Białe.
7. Wszystkie mają pokrywy podogonowe białej barwy.
8. To zarówno rodzaj ptaka, jak i ryby.
9. Tak, są to łodziki.
10. Warcabnik (*Daption capense*), ptak z grupy burzyków.
11. Prawda. Te czarno-żółte osy samotnice sporządzają bardzo złożone gniazda dla każdego ze swych potomków. W gniazdach tych jako pokarm umieszczają dużo gąsienic i innych larw.
12. Czarny z żółtym zakończeniem.
13. To niewielka rodzina ptaków Ameryki Środkowej i Południowej o rozmiarach od bażanta do indyka, na głowie mają czub lub kask z piór.
14. Białozór.
15. To motyl.

Zdumiewające fakty

Zwycięstwo karpieńca
Karpieniec (*Cyprinodon diabolis*) to mała ryba długości około 38 mm. Żyje tylko w zapadlisku Devil's Hole pośrodku pustyni w stanie Nevada w USA. Odżywia się stworzonkami gromadzącymi się na pokrytych glonami brzegach. Ryba ta trafiła do annałów sądownictwa, gdy jej los znalazł się w niebezpieczeństwie za przyczyną projektu przepompowania wody. Wskutek obniżenia lustra wody zagrożone byłoby źródło pokarmu. Sąd Najwyższy Stanów Zjednoczonych wydał werdykt na korzyść karpieńca – pompowanie wstrzymano, a ryba została ocalona.

Zatłoczona przestrzeń
Jeden hektar lasu deszczowego w Ameryce Południowej może zamieszkiwać 40 tysięcy różnych gatunków zwierząt.

Starzejące się żółwie
Żółwie morskie pływają w morzach co najmniej od 150 milionów lat.

Rozsiewanie nasion
Owocożerne nietoperze z Ameryki Południowej pomagają w walce z wylesianiem. Odtwarzają lasy deszczowe, gubiąc w locie nasiona.

Na skrzydłach
Jednym z najbardziej spektakularnych dokonań była wędrówka burzyka północnego, którego zabrano z miejsca lęgu i zaobrączkowany na wyspie Skokholm u wybrzeży południowej Walii. W ramach eksperymentu ptaka przeniesiono do Bostonu w USA i tam wypuszczono. Po dwunastu i pół dniach znaleziono ptaka ponownie w norze na Skokholm; przebył dystans 5000 km.

Wodnista planeta
Czy wiecie, że 95% ziemskiej wody jest w rzeczywistości chemicznie związanej w skałach? Z pozostałych 5% aż 97,3% zawarte jest w oceanach, 2,2% w czapach lodowych na biegunach i lodowcach – reszta to woda słodka. Na wody słodkie składa się para wodna w atmosferze, wody podziemne, woda w glebie i śródlądowe zbiorniki wodne.

ZAGADKI o jeleniach

1. Jak nazywamy samca, samicę i młode jelenia?
2. Jak nazywamy samca, samicę i młode łosia?
3. Jak nazywamy samca, samicę i młode sarny?
4. Który z nich jest największy: jeleń, daniel czy sika?
5. Najmniejszy gatunek jelenia to...
6. Co to jest lustro?
7. Czy istnieją białe daniele?
8. Co to jest rykowisko?
9. Ile samic może mieć jeleń w swym haremie?
10. Jak nazywamy stado jeleni?
11. Kim był Cernunnos?
12. Do jakiego gatunku należał tytułowy *Bambi* z filmu Disneya?
13. Czym pokryte jest rosnące poroże jelenia?
14. Czy jelenie zrzucają poroże co roku?
15. Jakie odgłosy wydają: jeleń, daniel, sika, sarna i mundżak?

ODPOWIEDZI

1. Samca nazywamy bykiem, samicę łanią, a młode cielętami.
2. Samca nazywamy bykiem, samicę klempą lub łoszą, a młode łoszakami.
3. Samca zwiemy kozłem lub rogaczem, samicę kozą, a młode koźlętami.
4. Jeleń (sika jest z nich najmniejszy).
5. ...pudu zamieszkujący Amerykę Południową, waży tylko 10 kg.
6. To ciemno obrzeżona jasna plama na zadzie jelenia.
7. Tak.
8. To okres godowy jelenia, który przypada jesienią.
9. Nawet do 50 łań.
10. To chmara.
11. To czczony przez Celtów „rogaty bóg", pan zwierząt, przedstawiany jako człowiek z porożem jelenia.
12. Był to jeleń.
13. Skórą zwaną scypułem.
14. Tak.
15. Jeleń ryczy, daniel beczy, sika gwiżdże, a sarna i mundżak szczekają.

ZAGADKI
przyrodnicze

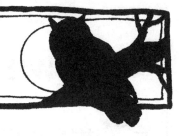

1. Ile ramion ma rozgwiazda czerwona?
2. Jak ptaki usuwają z gniazda odchody?
3. Czy bąki i ślepaki to jedna rodzina?
4. Ile gatunków sikor żyje w Polsce?
5. Co to jest nutria?
6. Gdzie żyją żabki szklane?
7. Dlaczego jeden z gatunków zajęcy nazywany jest bielakiem?
8. Którego ptaka nazywa się „strażnikiem lasu"?
9. Jaki związek istnieje między paśnikiem sporyszkiem a powojnikiem pnącym?
10. Częścią zalotów którego ptaka jest „bieg po wodzie"?
11. Co to jest ampleksus?
12. Co to jest madagaskarnik?
13. Co oznacza „sygnał 20 Hz"?
14. Inna nazwa laminarii to...
15. Jakiego koloru są kwiaty lucerny nerkowatej?

ODPOWIEDZI

1. Pięć.
2. Odchody piskląt wielu ptaków okryte są śluzową otoczką. Rodzic w prosty sposób może je wyrzucić.
3. Tak, rodzina bąkowate (Tabanidae).
4. Sześć.
5. To duży ziemnowodny gryzoń, pochodzący z Ameryki Południowej; zwierzę futerkowe. Populacje żyjące dziko w Europie pochodzą od osobników zbiegłych z hodowli. W Polsce na wolności nutrie nie przeżywają mroźnych zim.
6. Znanych jest około 65 gatunków tych nadrzewnych płazów, zamieszkujących andyjskie wilgotne lasy podzwrotnikowe. Skóra na ich brzusznej stronie ciała jest tak przejrzysta, że widać narządy wewnętrzne.
7. Zające bielaki, zamieszkujące północne obszary Europy i Ameryki Północnej oraz Syberię, zimą stają się całkowicie białe, z wyjątkiem ciemnych plamek na końcach uszu.
8. Sójkę, z powodu wydawanego przy byle zaniepokojeniu alarmowego wrzasku.
9. Powojnik pnący jest rośliną żywicielską gąsienic tej ćmy.
10. Perkozów wielkich (*Aechmophorus occidentalis*) zamieszkujących Amerykę Północną.
11. To pozycja godowa płazów bezogonowych (żab i ropuch), w której samiec łapie samicę od tyłu i mocno ściska przednimi łapami.
12. Rzadki i mało poznany gatunek ptaka, endemicznego dla wiecznie zielonych lasów Madagaskaru.
13. Źródło tego rejestrowanego na morzu dźwięku było tajemnicą do czasu, gdy odkryto, że sygnał ten wydają należące do wielorybów finwale, których „pieśni" używane do komunikacji są słyszalne na dystansie 800 km.
14. ...kapusta morska.
15. Żółte; dojrzałe strąki są natomiast czarne.

ZAGADKI przyrodnicze

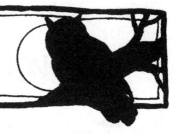

1. Jakie zwierzę ma ponad 2 tysiące oczu?
2. Wymień cztery zwierzęta będące głównymi bohaterami książki Kennetha Grahama *O czym szumią wierzby*.
3. Co to jest jezioro zawieszone?
4. Gdzie znajdziesz przytulię?
5. Co to jest ikra?
6. Co oznacza słowo „geofit"?
7. W jaki sposób frynosoma szerokonosa z Teksasu broni się przed napaścią?
8. Na czym polega nadpasożytnictwo?
9. Co to jest wachlarzyk?
10. Które ze zwierząt ma prawdopodobnie największe oczy?
11. Jak nazywamy młode muflona?
12. Jaka jest wspólna nazwa zwierząt noszących poroża, a nie rogi?
13. Co oznacza skrót G.M.O.?
14. Czym są infradźwięki?
15. Orki żyją w grupach rodzinnych. Jak nazywamy blisko spokrewnione grupy rodzinne tych zwierząt?

ODPOWIEDZI

1. Ważka. Para wielkich wypukłych oczu złożonych zajmuje prawie całą jej głowę. Każde z tych oczu składa się z ponad tysiąca małych oczek, w każdym oczku znajduje się rogówka i tzw. siatkóweczka.

2. Kret, Szczur, Ropuch i Borsuk.

3. Jezioro na obszarze krasowym zasilane wyłącznie wodą z opadów atmosferycznych.

4. Ta częsta i rozpowszechniona roślina porasta suche słoneczne zbocza. Kwitnie od kwietnia do października.

5. To jaja ryb. Niektóre gatunki ryb mogą składać za jednym razem kilka milionów jaj.

6. Roślina, której część nadziemna ginie corocznie, a przeżywa tylko podziemna.

7. W chwili zagrożenia jaszczurka ta potrafi z naczyń krwionośnych zaciśniętych mocno powiek wystrzelić strumyk krwi w kierunku napastnika.

8. Na pasożytowaniu na osobniku innego gatunku, który sam jest pasożytem kolejnego zwierzęcia (częste u niektórych owadów).

9. To mała ćma z rodziny omacnicowatych.

10. Kałamarnica olbrzymia. Dorosłe zwierzę mierzy do 18 metrów długości i ma oczy rozmiarów piłki futbolowej.

11. Jagniętami.

12. Jeleniowate (należą do przeżuwaczy).

13. Genetycznie Modyfikowany Organizm.

14. Infradźwięki nie są słyszane przez człowieka, chociaż często mogą być odczuwane jako drgania. Zdaniem części naukowców wędrujące ptaki mogłyby wykorzystywać je jako punkty orientacyjne na swej drodze.

15. Są to klany, mogące nawet wytwarzać swe dialekty.

ZAGADKI
przyrodnicze

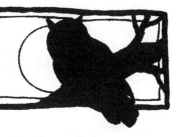

1. Co to jest bioremediacja?
2. Co to jest zapylanie?
3. Co to są łęgi?
4. Jakie zwierzę jest bohaterem książki *Lessie, wróć*?
5. Czy nietoperze mogą zapylać rośliny?
6. Jak technicznie określa się śródlądowy obszar stojącej wody, silnie wzbogaconej w substancje organiczne?
7. Co oznacza termin bioróżnorodność w odniesieniu do środowiska?
8. Łyski, perkołyski, perkozy i płatkonogi mają jedną ciekawą cechę wspólną. Jaką?
9. Jemiołuszki niekiedy pojawiają się inwazyjnie, przylatując z terenów lęgowych w Skandynawii, co daje możliwość ujrzenia w naszym kraju tych przepięknych, rzadkich przybyszów. Z nieurodzajem jakich jagód związane są lata inwazji?
10. Na czym polega zapylanie krzyżowe?
11. Jak nazywa się największa roślina wodna?
12. Gdzie szukałbyś gąsek zielonek?
13. Co to jest szkliwo lodowe?
14. Dolne liście ostrokrzewu mają kolczaste brzegi, a liście w pobliżu korony są owalnego kształtu i gładkie. Dlaczego?
15. Czy świstun amerykański bywa spotykany w Europie?

ODPOWIEDZI

1. Ta ostatnio rozwinięta technika już okazuje się skuteczna w zwalczaniu zanieczyszczenia ropą. Metoda oparta jest na użyciu żywiących się ropą bakterii morskich.

2. Oznacza przeniesienie pyłku z pręcika na znamię słupka i rozwój pyłku na znamieniu.

3. Łęgi jest to formacja roślinna zajmująca zalewane okresowo obniżenia dolin rzecznych.

4. Owczarek szkocki collie.

5. Tak. Kigelia, zwana drzewem kiełbasianym, rośnie w Afryce i na Madagaskarze i jest zapylana przez nietoperze.

6. Jezioro eutroficzne.

7. Jest to opisowa miara różnorodności gatunkowej danego środowiska.

8. Palce ich stóp nie są spięte błoną pławną, lecz każdy palec ma osobne płatkowate wyrostki, zwiększające powierzchnię stopy i ułatwiające pływanie.

9. Jarzębiny. Lata obfitego owocowania tych drzew przeplatają się z latami nieurodzaju; jemiołuszki, uprzedzając niedostatek pożywienia, migrują na południe i zachód w poszukiwaniu nowych żerowisk.

10. Zapylenie krzyżowe polega na zapyleniu kwiatu pyłkiem pochodzącym z innego osobnika.

11. To wiktoria królewska. Średnica pływających liści może wynosić blisko 2 m.

12. Gąska zielonka występuje głównie w lasach iglastych na glebach piaszczystych.

13. To młody lód stanowiący pierwszą trwałą pokrywę lodową na morzu.

14. Jest to przykład przystosowań obronnych. Dolne liście są narażone na zgryzanie przez zwierzęta, podczas gdy te na górze są od tego zagrożenia wolne.

15. Tak. Zalatuje jesienią i zimą.

ZAGADKI
przyrodnicze

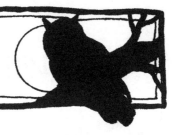

1. Co to jest leucyzm?
2. Gdzie znajdziesz neuston w środowisku wodnym?
3. Do jakiej rodziny należy stokrotka?
4. Co dokładnie oznacza termin „bezkręgowiec"?
5. Jakie są najczęstsze barwy odstraszające u owadów?
6. Czym odznacza się jelonek błotny?
7. Co to jest torf?
8. Co to jest siedlisko?
9. Gdzie w Polsce dziko rośnie różanecznik żółty?
10. Co to jest pleszka?
11. Jaki kolor mają owoce moroszki?
12. Jakie są przyczyny fałszywych słojów przyrostu rocznego w drewnie?
13. Od ilu lat znana jest winorośl?
14. Zarówno kos, jak i drozd śpiewak sporządzają, w różnych biotopach, głębokie, starannie ukryte gniazda w kształcie garnka. Jeden z gatunków wyścieła je masą drzewną lub błotem, a drugi trawą. Gniazda którego z gatunków wyścielone są trawą?
15. Co to jest cumulonimbus?

ODPOWIEDZI

1. To rzadkie zjawisko polega na częściowej utracie pigmentu u danego osobnika, co powoduje, iż jego ubarwienie traci na intensywności. Całkowita utrata zabarwienia to albinizm.
2. To organizmy, dla których środowiskiem życia jest powierzchnia wody.
3. Do złożonych.
4. Zwierzę, które nie ma wewnętrznego szkieletu osiowego w postaci struny grzbietowej czy kręgosłupa.
5. Żółty i czarny, pomarańczowy i czarny oraz czerwony i czarny.
6. Nie ma poroża, tylko samiec ma wystające kły.
7. Rozłożony i częściowo zwęglony materiał roślinny, powstaje w tzw. torfowiskach.
8. To miejsce życia danego organizmu.
9. Jedyne stanowisko znajduje się koło Leżajska.
10. To ptak wędrowny z rdzawym ogonem.
11. Dojrzałe owoce są pomarańczowe.
12. Fałszywe pierścienie przyrostowe są podobne do rocznych, lecz nie są zamknięte. Powodować je może ostry mróz, defoliacja i inne urazy, jakich doznało drzewo.
13. Od ponad 5000 lat.
14. Drozda śpiewaka.
15. To kłębiasta chmura burzowa.

ZAGADKI
przyrodnicze

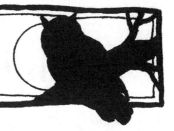

1. Czy planety są źródłem światła, tak jak gwiazdy?
2. Co to są czułki?
3. Co to jest fen?
4. Warstwa tłuszczu podskórnego spełnia u waleni rolę izolacji cieplnej. U niektórych gatunków może mieć ponad 50 cm grubości. Prawda czy fałsz?
5. Koniki polne i świerszcze są owadami przechodzącymi przeobrażenie niezupełne. Którego stadium brak?
6. Co to jest mysz morska?
7. Najjaśniejszą z gwiazd stałych jest...
8. Jakiego koloru są kwiaty kielisznika?
9. Co to takiego ustniczek cesarski?
10. Roztoczek domowy jest częsty w normalnym domu mieszkalnym. Jak wiele osobników zamieszkuje zwykłe podwójne łóżko?
11. Która planeta zwana jest gwiazdą wieczorną albo zaranną?
12. Wróble wykazują dymorfizm płciowy, z wyjątkiem jednego gatunku. Którego?
13. Co to są „prądy strumieniowe"?
14. Jak nazywa się potomstwo samca lwa i samicy tygrysa?
15. Jak nazywa się potomstwo samca tygrysa i samicy lwa?

ODPOWIEDZI

1. Nie, odbijają światło Słońca.
2. Ruchliwe przydatki na głowie owadów, narząd zmysłów węchu i dotyku.
3. To silny wiatr wiejący od grzbietów górskich w kierunku dolin, występuje głównie w Alpach.
4. Prawda.
5. Stadium poczwarki. Z jaja rozwija się larwa, przechodząca kilka stadiów na drodze do postaci dorosłej.
6. Jest to owalnego kształtu wieloszczet, pokryty brązowo--szarymi szczeciami, żyjący na dnie morskim. Dłuższe szczeci po bokach ciała, złotobrązowe i zielonkawe, mienią się barwami tęczy.
7. ...Syriusz (Psia Gwiazda).
8. Różowe z białymi paskami od brzegów ku środkowi, czasem tylko białe lub różowe.
9. Ryba raf koralowych Oceanu Indyjskiego i Spokojnego.
10. Trudno w to uwierzyć, ale około 2 milionów.
11. Wenus.
12. Mazurka.
13. To prądy powietrza w górnych warstwach troposfery (na wysokości między 9 a 15 km) wiejące zwykle z prędkością od 160 do 240 km/h, a zimą nawet do 480 km/h.
14. Liger.
15. Tigon.

ZAGADKI
przyrodnicze

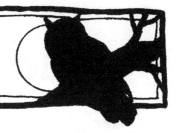

1. Co to jest odwłok u owada?
2. Co to jest gruczoł mleczny?
3. Skąd wzięła się nazwa ryby pilota?
4. Lateks jest zbierany z różnych drzew tropikalnych. Co to jest?
5. *Ursa Major* i *Ursa Minor* to dwa gwiazdozbiory w pobliżu Gwiazdy Polarnej na nocnym niebie. Jakie zwierzę symbolizują?
6. Od czego pochodzi nazwa puchowiec?
7. Co oznacza termin „zasolenie"?
8. Jak nazywa się najwyższy gatunek kaktusa?
9. Ile przeciętnie waży jajo strusia?
10. Co to jest lejek krasowy?
11. Skąd nazwa: zajadek domowy?
12. Orka jest największym gatunkiem delfina. Prawda czy fałsz?
13. Co oznacza słowo „endemiczny"?
14. Co to są rośliny szpilkowe?
15. Jaki ptak kojarzy się z londyńskim Tower?

ODPOWIEDZI

1. Końcowy odcinek ciała owada, pozbawiony odnóży.
2. Są to gruczoły u samic ssaków produkujące i uwalniające mleko – pożywienie młodych. Ich liczba waha się od 2 do 20.
3. Od zwyczaju towarzyszenia statkom i wielkim rybom, zwłaszcza rekinom.
4. Zawierający lateks sok mleczny uzyskuje się, nacinając korę drzew. Z lateksu powstaje kauczuk – surowiec do wyrobu gumy.
5. Niedźwiedzia. W tłumaczeniu to Mała i Wielka Niedźwiedzica.
6. Od pęków wełnistego puchu zawartego w torebkach nasiennych tego drzewa.
7. Chodzi o zawartość soli w wodzie morskiej. Ilość ta wyrażona w promilach (‰) oznacza, ile gramów soli rozpuszczonych jest w kilogramie wody morskiej. Przeciętne zasolenie wody morskiej wynosi około 35‰.
8. Saguaro (*Carnegia*). Ten wolno rosnący kaktus może osiągnąć 21 m wysokości. Rośnie tylko w Arizonie, południowej Kalifornii (USA) i na pustyni Sonora (Meksyk).
9. Waży średnio ok. 1,5 kg.
10. To owalne zagłębienie rozmiarów do kilkuset metrów, powstałe w skałach na obszarach krasowych.
11. Ten pluskwiak rzeczywiście zamieszkuje w starych domach i poluje na inne owady, które wysysa.
12. Prawda.
13. Używane jest w stosunku do gatunków, których występowanie ogranicza się tylko do pewnego obszaru.
14. Rośliny nagozalążkowe o drobnych, często szpilkowatych (stąd nazwa) liściach.
15. Kruk. Jak głosi przesąd, kiedy kruki opuszczą Tower, nastąpi koniec świata.

ZAGADKI
przyrodnicze

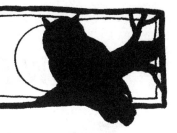

1. Co to jest kopra?
2. Jaki jest największy polski drapieżnik?
3. Światło Słońca uważamy za coś oczywistego. Ile czasu zajmuje mu droga na Ziemię?
4. Owoce aktinidii chińskiej znane są pod nazwą...
5. Jak nazywa się najwcześniejszy znany ptak?
6. Który z ptaków składa najbardziej kolorowe i zmienne w ubarwieniu jaja?
7. Czym niezwykłym charakteryzują się psy rasy basenji?
8. Co to są strączkowce?
9. Kot jakiej rasy nie ma ogona?
10. Skorki lubią wkręcać się do uszu. Prawda czy fałsz?
11. Najbardziej wysunięte na południe tereny lęgowe pingwinów leżą na Cape Royds na Morzu Rossa. Który z niewielkich gatunków tam się gnieździ?
12. Co to jest zając morski?
13. Jakiego koloru kwiaty ma złocień polny?
14. Rekiny są dużą grupą drapieżnych ryb różnej wielkości. Jaką długość ma najmniejszy z nich?
15. Jakiego ptaka nazwano „zimorodkiem śmiejącym się"?

ODPOWIEDZI

1 To wysuszony miąższ orzechów kokosowych.

2 Niedźwiedź brunatny.

3 Osiem minut.

4 ...kiwi.

5 To *Archaeopteryx*, co w przekładzie oznacza „dawne skrzydło". Uważa się, iż żył około 150 mln lat temu, potrafił latać, był stałocieplny i pokrywały go prawdziwe pióra.

6 Nurzyk. Barwa zmienia się od białej poprzez kremową, żółtą, brązową, niebieskozieloną do błękitu. Jaja wykazują też wielką różnorodność układów plam.

7 Te psy nie potrafią szczekać.

8 To rząd roślin, którego większość stanowią motylkowate.

9 Kot z wyspy Man.

10 Fałsz.

11 Pingwin Adeli.

12 Wolno pełzający ślimak spotykany na półkach skalnych w strefie bardzo niskich pływów. Jeśli zostanie zaniepokojony, potrafi wystrzelić fioletowy barwnik.

13 Żółtego.

14 Najmniejszy rekin *Squaliolus laticaudus*, spotykany u wybrzeży Filipin, ma tylko 15 cm długości.

15 Kukaburę. Ten niebieskoskrzydły zimorodek nosi też przydomek „chichotliwa".

ZAGADKI
dla najmłodszych

1. Jak określa się okrycie ciała ptaków?
2. Co to jest dromader?
3. Ile godzin dziennie śpi koala: 2, 12 czy 18?
4. Ile lat żyje żubr?
5. Największy przedstawiciel rodziny krukowatych to...
6. *Maiasaura* to dinozaur. Co oznacza ta nazwa?
7. Co to jest kukawka?
8. Co to jest oaza?
9. Zebra należy do rodziny koniowatych. Prawda czy fałsz?
10. Jakie wody zamieszkuje słonaczek?
11. W jaki sposób określisz wiek ściętego drzewa?
12. Z jakiego drzewa pochodzą kasztany?
13. Jakie odgłosy wydaje atakująca płomykówka?
14. Dlaczego niektóre glony morskie mają pęcherze z powietrzem?
15. Jakiego koloru kwiaty ma złocień właściwy?

ODPOWIEDZI

1. To upierzenie.
2. Wielbłąd jednogarbny (baktrian ma dwa garby).
3. 18 godzin dziennie.
4. Do 45 lat.
5. ...kruk.
6. Dobra matka.
7. Ptak otwartych terenów Ameryki Północnej. Jest on krewnym kukułki.
8. To miejsce na pustyni, gdzie dostępna jest woda.
9. Prawda. To jedyny koń w paski.
10. Słone i słonawe wody śródlądowe.
11. Licząc pierścienie od środka pnia do zewnątrz.
12. Z kasztanowca.
13. Jest to krótki, przeraźliwy wrzask.
14. Te pęcherze służą im jako pływaki.
15. Kwiat ma białe płatki i żółty środek.

ZAGADKI
dla najmłodszych

1. Z jakiego drzewa pochodzą żołędzie?
2. Co to są dusiciele?
3. Dzik jest przodkiem...
4. Roślina dwuletnia to...
5. Co oznacza słowo „kamuflaż"?
6. Co w odniesieniu do gatunku znaczy „rodzimy"?
7. Rudzik należy do rodziny drozdów. Prawda czy fałsz?
8. Jak nazywany bywa samiec lisa i borsuka przez myśliwych?
9. Jak nazywamy samca zająca?
10. Jak nazywa się samiec kaczki?
11. Co to jest zarodek?
12. Co to są łuszczaki?
13. Które zwierzę spóźniło się na bardzo ważne spotkanie w *Alicji w krainie czarów*?
14. Podaj pięć głównych barw tęczy.
15. W jaki sposób mniszek pospolity rozsiewa nasiona?

ODPOWIEDZI

1. Z dębu.
2. To rodzina węży, uśmiercająca swe ofiary przez uduszenie splotami ciała. Występują na całym świecie. Największym przedstawicielem jest anakonda.
3. ...świni domowej. Dziki są szeroko rozprzestrzenionymi w Europie zwierzętami łownymi.
4. ...taka, której pełny cykl życiowy od wykiełkowania do wydania nasion zajmuje dwa lata. W pierwszym roku roślina wzrasta i gromadzi zapasy, w drugim wydaje nasiona i obumiera.
5. Jest to sposób maskowania się i ukrywania zwierząt w środowisku poprzez upodobnienie swego ubarwienia do koloru podłoża.
6. Oznacza gatunek występujący na danym obszarze naturalnie, w przeciwieństwie do gatunków, które zostały na ten teren wprowadzone celowo lub przypadkowo zawleczone.
7. Prawda.
8. Psem.
9. Kotem lub gachem.
10. Kaczor.
11. Młoda roślina lub zwierzę we wczesnych fazach rozwoju.
12. Rodzina małych i średnich żywiących się ziarnem ptaków z rzędu wróblowych. Do łuszczaków zaliczamy między innymi: dzwońce, zięby, szczygły, gile, kanarki, grubodzioby, czeczotki i czyże.
13. Biały królik.
14. Czerwony, żółty, zielony, niebieski i fioletowy. W miejscach nakładania się tych kolorów powstają inne barwy.
15. Do każdego nasionka przyczepiony jest pierzasty „spadochron". Podczas suchej i wietrznej pogody nasiona te unoszone są przez wiatr.

ZAGADKI
dla najmłodszych

1. Ubarwienie dzwońca to głównie dwa kolory – jakie?
2. Co powoduje przypływy?
3. Jak nazywamy samicę królika?
4. Jak ubarwiona jest samica kosa?
5. Ile nóg ma pająk?
6. Jak inaczej nazywa się knieć błotna?
7. Jaki ptak podrzuca swoje jaja do gniazd innych ptaków?
8. Lód jest cięższy od wody – prawda czy fałsz?
9. Krzyżówka, edredon, świstun i cyraneczka to przedstawiciele...
10. Jaka nauka zajmuje się obserwacją gwiazd?
11. Czy należy dokarmiać dzikie ptaki także latem czy tylko zimą?
12. Wiąz, grab, topola i klon są przykładami...
13. Czy ćmy latają tylko nocą?
14. Jaką inną nazwą możemy określić myszoskoczkę?
15. Jaki ptak kojarzy się nam z nadejściem wiosny?

ODPOWIEDZI

1. Zielony i żółty.
2. Księżyc (przyciąganie grawitacyjne).
3. Królicą.
4. Brązowo, czasem z jaśniejszą plamą na gardle.
5. Osiem.
6. Kaczeniec.
7. Kukułka.
8. Fałsz. Lód unosi się na wodzie.
9. ...kaczek.
10. Astronomia.
11. Tak. Pomaga to dorosłym ptakom utrzymać formę w czasie karmienia młodych.
12. ...drzew liściastych.
13. Nie. Część gatunków lata również za dnia.
14. To gerbil.
15. Skowronek.

ZAGADKI dla najmłodszych

1. Ile nóg ma motyl?
2. Co kazała gąsienica zjeść Alicji, by urosnąć bądź zmaleć (w *Alicji w krainie czarów*)?
3. Co to jest heloderma?
4. Jaki ssak morski ma wąsy i duże kły?
5. Jak nazywa się owoc borówki czarnej?
6. Niektórzy ludzie boją się, że nietoperz może wplątać się im we włosy. Czy jest to uzasadnione?
7. Gdzie ma gniazdo skowronek?
8. Ile skrzydeł mają muchy?
9. Czy ptaki używają pudru?
10. Czy w Polsce spotykamy węże w środowisku naturalnym?
11. Kapturka jest pokrzewką. Prawda czy fałsz?
12. Jak nazywa się postać larwalna żaby?
13. Jakie ptaki mają jakoby upodobanie do świecidełek?
14. Jaki dźwięk daje się słyszeć na wiosnę i wczesnym latem tuż przed wschodem Słońca?
15. Najmniejsze jajo ptaka to jajo kolibra. Waży tylko 0,365 grama i ma 1 cm długości. Ile tych jaj trzeba, by zrobić taki omlet jak z jaja strusia?

ODPOWIEDZI

1. Sześć.
2. Kawałek grzyba.
3. Jadowita jaszczurka zamieszkująca pustynne obszary na południu Ameryki Północnej.
4. Mors.
5. Czarna jagoda.
6. Nie. Nietoperze są zbyt zwinne, by wpaść na człowieka.
7. Na ziemi, na łąkach i otwartych terenach.
8. Dwa.
9. Tak, jest on wytworem piór pudrowych i pomaga ptakom utrzymać czystość.
10. Tak.
11. Prawda.
12. Kijanka.
13. Sroka i kawka.
14. Śpiew ptaków. Oznaczają w ten sposób swoje terytoria lęgowe.
15. Około 6 tysięcy. Jajo strusia jest największym ptasim jajem i waży w przybliżeniu 2,2 kg.

ZAGADKI
dla najmłodszych

1. Osadnik egeria, przestrojnik wielki i strzępotek ruczajnik to...
2. Jaki ptak ma najdłuższy dziób?
3. Co to jest poczwarka?
4. Liści jakiej rośliny używa się w medycynie ludowej do przyśpieszenia gojenia ran?
5. Jakiej rasy była filmowa Lessie?
6. Okoń, leszcz i płoć są...
7. Jak nazywało się prosię Doktora Doolittle'a?
8. Jak nazywamy inaczej bociana czarnego?
9. Jakiego gryzonia unieśmiertelnił Walt Disney?
10. Postać dorosła rusałki drzewoszka zimuje. Prawda czy fałsz?
11. Co to jest lis morski?
12. Z czego zbudowany jest cios słonia?
13. Który z dinozaurów w filmie Stevena Spielberga *Park jurajski* nauczył się otwierać drzwi?
14. Co to jest trop?
15. Króliki i zające często korzystają z tej samej nory. Prawda czy fałsz?

ODPOWIEDZI

1 ...motyle z rodziny oczennicowatych.
2 Pelikan z Australii. Jego dziób ma do 47 cm długości.
3 Stadium rozwojowe owada pośrednie między larwą a postacią dorosłą.
4 Babki zwyczajnej.
5 Owczarek collie.
6 ...rybami.
7 Geb-geb.
8 Hajstrą.
9 Mysz znaną jako Myszka Miki.
10 Prawda.
11 Gatunek rekina.
12 Z kości zwanej zębiną, która buduje wszystkie zęby ssaków.
13 Velociraptor.
14 To odcisk kończyn pozostawiony na podłożu.
15 Fałsz. W norach mieszkają tylko króliki, nigdy zające.

ZAGADKI
dla najmłodszych

1. Jaki rekin wystąpił w filmie *Szczęki*?
2. Czy wszystkie sowy polują w nocy?
3. Co to są zanieczyszczenia?
4. Co to takiego wypluwka?
5. Jakie psy są używane w zaprzęgach?
6. Podaj dwa gatunki nosorożców spotykane w Afryce.
7. Słowiki śpiewają tylko nocą. Prawda czy fałsz?
8. Jak nazywamy okrycie drzewa?
9. Jaki jest największy owad świata?
10. Na granicy jakich państw leży wodospad Niagara?
11. Jakie, podobne do foki, zwierzę ma dwa wystające kły?
12. Jakiego koloru kwiaty ma zawciąg nadmorski?
13. Gdzie znajduje się Droga Gigantów?
14. Jak nazywa się samica głuszca?
15. Jakiego koloru jest noworodek foki szarej?

ODPOWIEDZI

1. Żarłacz ludojad.
2. Nie. Niektóre, np. sowę błotną, widywano polujące za dnia.
3. To wszystko, co prowadzi do zanieczyszczenia czy skażenia środowiska, np. gazy spalinowe, śmieci, odpady chemiczne itd.
4. Część ptaków, w tym drapieżne i sowy, nie trawi sierści i kości i wypluwa te pozostałości w formie tzw. wypluwek.
5. Psy husky.
6. Nosorożec biały i czarny.
7. Fałsz.
8. To kora.
9. Patyczak zamieszkujący Borneo. Ma do 38 cm długości.
10. Kanady i USA.
11. Mors.
12. Różowe. Ta niewielka roślina porasta tereny wydmowe.
13. W hrabstwie Antrim w północnej Irlandii.
14. Kura.
15. Kremowobiały.

ZAGADKI
dla najmłodszych

1. Co to znaczy, że wąż linieje?
2. Co to jest kuna leśna?
3. Hiena może zjeść całe padłe zwierzę, łącznie ze skórą, rogami, kopytami i kośćmi. Prawda czy fałsz?
4. Jak w czasie ucieczki radzą sobie szpringboki, impale i niektóre inne gazele?
5. Jak nazywamy bardzo młode rybki?
6. Jak określa się zajęczy krzyk trwogi?
7. Jak nazywa się okres opadów deszczu w krajach tropikalnych?
8. Czy w Polsce występują jakieś węże jadowite?
9. Jak nazywa się młoda kaczka?
10. Co jest pierwsze: grzmot czy błyskawica?
11. Z czego sporządza gniazdo jaskółka oknówka?
12. Czy dzikie róże mają kolce?
13. Śnieg składa się z kryształków lodu. Czy wszystkie kryształki są jednakowe?
14. Jakiego koloru jest muszla pobrzeżki: czarnego, szarego, brązowego, czerwonego, zielonego, żółtego czy pomarańczowego?
15. Żmijka (to ryba) leży zagrzebana w piasku na płyciźnie. Dlaczego lepiej jej unikać?

ODPOWIEDZI

1. Zrzuca okresowo naskórek.
2. Średniej wielkości krewna łasicy i gronostaja.
3. Prawda. Szczęki hieny są niezwykle silne.
4. Wykonują kilkumetrowe skoki, co pozwala im zmylić prześladowcę.
5. Narybek.
6. Kniazienie.
7. Pora deszczowa.
8. Tak, to żmija zygzakowata.
9. Kaczątko.
10. Błyskawica. Grzmot jest dźwiękiem towarzyszącym błyskawicy, a ponieważ dźwięk jest wolniejszy od światła, pierwszą widać błyskawicę. Możesz ocenić odległość od błyskawicy, licząc czas między błyskiem i hukiem. Pięć sekund opóźnienia odpowiada 1,6 km.
11. Z błota.
12. Tak.
13. Nie. Każdy płatek śniegu jest inny.
14. Może być każdego podanego koloru.
15. W razie nadepnięcia na tę rybę może ona boleśnie ukłuć kolcem jadowym.

ZAGADKI
dla najmłodszych

1. Maskonur zasługuje na miano „morskiego klauna". Dlaczego?
2. Jakie zwierzęta wytwarzają perły?
3. Gdzie czaple siwe budują gniazda?
4. Czy skorki potrafią latać?
5. Czy dżdżownica ma dobry wzrok?
6. Co to był *Triceratops*?
7. Dlaczego górnicy trzymali kanarki w kopalniach węgla?
8. W animowanym filmie Disneya *Król Lew* dwoje z głównych bohaterów nosiło imiona Timon i Pumba. Co to były za zwierzęta?
9. Samice raków opiekują się złożonymi jajami. Prawda czy fałsz?
10. Na wszystkich drzewach ostrokrzewu można znaleźć czerwone owoce. Prawda czy fałsz?
11. Co jest przyczyną kataru siennego?
12. Ile skrzydeł ma ważka?
13. Orlica, śmieszka i ryszka to gatunki...
14. Co to jest panda mała?
15. Jak mieszka królik?

ODPOWIEDZI

1. Ze względu na kolorowo ubarwiony dziób w okresie godowym i czarno-białe upierzenie.
2. Perłopławy, ostrygi i inne małże.
3. Zwykle na wierzchołkach wysokich drzew.
4. Niektóre gatunki tak, inne są bezskrzydłe.
5. Fatalny – nie ma wcale oczu!
6. Trójrogi dinozaur.
7. Te bardzo wrażliwe na trujące gazy ptaki ostrzegały górników przed niebezpieczeństwem.
8. Surykatka i guziec.
9. Prawda. Noszą je przyczepione do odnóży odwłokowych.
10. Fałsz. Jagody są tylko na osobnikach żeńskich, na męskich brak.
11. Mikroskopijne pyłki traw unoszące się w powietrzu.
12. Cztery.
13. ...mew.
14. Drapieżnikiem z rodziny szopowatych. Zamieszkuje Himalaje i żywi się m.in. owocami i pędami roślin.
15. Gromadnie, w wygrzebanych norach gniazdowych z kilkoma wylotami.

Zdumiewające fakty

Cykl opadów
Średni czas obiegu wody w atmosferze wynosi 11,4 dnia, co oznacza, że cała para wodna zawarta w atmosferze skrapla się w postaci opadu i ponownie paruje ponad 32 razy w ciągu roku.

Szybka planeta
Ziemia krąży wokół Słońca ze średnią prędkością 30 km/s.

Wszystko z niczego?
Cała masa i energia Wszechświata prawdopodobnie powstała z niczego, nikt nie potrafi jednak tego wyjaśnić.

Jedzenie za darmo
Rodzicielski instynkt ptaka, by wkładać jedzenie w otwarty dziób pisklęcia, jest tak silny, że kardynał szkarłatny z Ameryki Północnej nakarmił kiedyś złotą rybkę w stawie. Ryba nauczona była wystawiać pyszczek nad wodę, by przyjmować pokarm z rąk właścicieli. Widząc cień ptaka, posłusznie otworzyła pyszczek, a ptak instynktownie zanurzył w nim dziób pełen owadów.

Odczytywanie czasu
Dla uczonego sekunda jest czasem, jaki zabiera atomowi cezu-133 wykonanie 9 192 631 770 drgań.

Pomieszane bieguny
30 tysięcy lat temu północ magnetyczna była na biegunie południowym. Dzieje się tak dlatego, gdyż biegun magnetyczny nieustannie zmienia położenie. Od chwili powstania Ziemi bieguny magnetyczne wiele razy zamieniały się miejscami.

ZAGADKI
o nietoperzach

1. Ile gatunków nietoperzy występuje w Europie?
2. Jakie urządzenie jest często używane jako pomoc w oznaczaniu nietoperzy?
3. Co zjada nietoperz?
4. Jaki jest najmniejszy europejski gatunek nietoperza?
5. Czy nietoperze są ślepe?
6. Jak nietoperze „odnajdują drogę" w nocy?
7. Ile młodych w roku ma dorosły nietoperz?
8. Czy nietoperze budują gniazda?
9. Czy nietoperze zapadają w sen zimowy?
10. Jaki nietoperz kojarzy się z *Drakulą*?
11. Ile gatunków nietoperzy odnotowano w Europie?
12. Czy nietoperze są jedynymi czynnymi lotnikami wśród ssaków?
13. Którego z nietoperzy nazywa się lisem latającym?
14. Ile komarów może zjeść karlik malutki jednej nocy: 100, 1000, 3000 czy 5000?
15. Niektóre z europejskich nietoperzy żywią się owocami. Prawda czy fałsz?

ODPOWIEDZI

1 31.
2 Wykrywacz nietoperzy – urządzenie zamieniające ultradźwięki na częstotliwości słyszalne dla czlowieka.
3 Wszystkie nasze nietoperze zjadają owady (komary, pająki, ćmy, skorki, komarnice itd.).
4 Karlik malutki.
5 Nie.
6 Nietoperze posługują się echolokacją – wydają sygnały ultradźwiękowe. Dźwięk odbija się od przedmiotów nieruchomych i poruszających się; dostarcza to nietoperzowi informacji o otoczeniu.
7 Jedno. Młode rodzą się u nas przeważnie w czerwcu i lipcu.
8 Nie. Samice tworzą kolonie lęgowe przeważnie w budynkach lub jaskiniach. Małe wczepia się w futerko matki.
9 Tak.
10 Wampir. Ten nietoperz występuje w Ameryce.
11 33 gatunki, w tym 31 rodzime, a dwa nieregularnie zalatują.
12 Tak.
13 Rudawkę wielką. Jest owocożerna.
14 3 tysiące.
15 Fałsz. Wszystkie europejskie gatunki są owadożerne.

ZAGADKI przyrodnicze

1. Co to jest równonoc?
2. Jaki jest narodowy kwiat Austrii?
3. Ile garbów ma noworodek wielbłąda?
4. Co zawierają tak zwane *Czerwone Księgi*?
5. Co to są szuwary?
6. Czym różnią się olcha czarna od olchy szarej?
7. Skąd pochodzi nazwa: wydrzyki?
8. Co jest przedmiotem etiologii?
9. Co to jest trogon?
10. W jaki sposób mały wąż wydostaje się z jaja?
11. Kukułki słyną z podrzucania jaj do gniazd innym ptakom. Samica kukułki może podrzucić jajo tylko do gniazda tego gatunku ptaka, który ją wychował. Prawda czy fałsz?
12. Drożdże należą do grzybów. Prawda czy fałsz?
13. Jakiego koloru kwiaty ma dzwonek brzoskwiniolistny?
14. Co znaczy słowo „opad"?
15. Co to są chrobotki?

ODPOWIEDZI

1. To chwila, kiedy Słońce mija równik i noc zrównuje się z dniem na całym świecie. Równonoc wiosenna przypada na 21 marca, a jesienna na 23 września.

2. Szarotka.

3. Żadnego.

4. Wykaz gatunków chronionych i zagrożonych.

5. Zbiorowiska wysokiej roślinności otaczające płytkie zbiorniki wodne lub torfowiska.

6. Olcha czarna ma prawie czarną korę i okrągławe liście, a olcha szara korę jasnoszarą i liście jajowate, ząbkowane.

7. Te silne i zwinne ptaki morskie często atakują inne ptaki i odbierają im pokarm.

8. To dział medycyny zajmujący się przyczynami chorób.

9. To przedstawiciel rodziny (i rzędu) tropikalnych, pięknie ubarwionych ptaków.

10. Młode węże mają tzw. ząb jajowy, wyrastający w górnej części pyska, którym przebijają twardą skorupkę jaja. Jak tylko wąż wydobędzie się na zewnątrz, ząb jajowy odpada.

11. Prawda. Chociaż kukułka może znosić jaja różnie ubarwione, dany osobnik produkuje tylko jeden typ. Uważa się, że jest on taki jak matczyny.

12. Prawda.

13. Fioletowoniebieski.

14. Wszystkie formy wody padającej na ziemię. Obejmuje deszcz, mżawkę, śnieg i grad.

15. Pospolite porosty o krzaczkowatej lub trąbkowatej plesze rosnące na ziemi lub próchniejącym drewnie.

ZAGADKI
przyrodnicze

1. Jak odzywa się samiec pardwy?
2. Co oznacza słowo „klapowany" w odniesieniu do roślin?
3. Oko rekina jest dziesięciokrotnie bardziej czułe na słabe światło niż ludzkie. Prawda czy fałsz?
4. Na jaką odległość może skoczyć kangur rudy?
5. Jaki powszechnie występujący minerał mylony był niekiedy ze złotem?
6. Co to jest mokradlica?
7. Gdzie spotkasz rożeńca górskiego?
8. Gdzie u ptaka jest woskówka?
9. Jakiej barwy są kwiaty kaczeńca?
10. Paw może mieć ponad 200 piór w ogonie. Prawda czy fałsz?
11. Co tu nie pasuje: krokodyl, wąż, jaszczurka, żaba i żółw?
12. Co jest głównym pożywieniem rybołowa?
13. Najmniejszymi torbaczami są owadożerne ryjowniczki. Do jakiej rodziny należą?
14. Co to jest kutner?
15. Jaki jest związek materiałów piroklastycznych z wulkanem?

ODPOWIEDZI

1. Histerycznie brzmiącym chichotem.
2. Terminem tym określa się liście, które mają wcięcia nie głębsze niż 1/3 szerokości blaszki liściowej.
3. Prawda. Rekiny mają również zdolność do wyłączania tych mechanizmów przystosowawczych i funkcjonują dobrze przy jaśniejszym świetle.
4. 12,8 m. Poruszając się na tylnych nogach, mogą osiągnąć szybkość 64 km/h.
5. Muskowit (jasna mika).
6. Gatunek niepozornie ubarwionej ćmy częsty na łąkach, stepach i podmokłych zbiorowiskach trawiastych.
7. To roślina gór, o żółtych bądź czerwonych kwiatach zebranych w kwiatostany, w Tatrach kwitnie od czerwca do lipca.
8. Koło dzioba. Jest to fragment skóry przy podstawie górnej części dzioba, widoczny zwłaszcza u ptaków drapieżnych.
9. Żółtej.
10. Prawda. Im więcej pawich oczek w ogonie, tym większa szansa na zdobycie partnerki.
11. Żaba jest płazem, reszta to gady.
12. Ryby. Rybołów ma długie nogi i szpony przystosowane do chwytania śliskich ryb, które łapie, rzucając się w wodę.
13. Niełazowatych. Ważą tylko 2 gramy, a ich długość z ogonem wynosi zaledwie 9,5 cm.
14. Gęsty srebrzysty meszek, utworzony z martwych, wypełnionych powietrzem włosków, pokrywający liście i łodygi niektórych roślin (np. szarotki).
15. Materiały piroklastyczne to okruchowe produkty wybuchu wulkanu (np. popioły).

ZAGADKI
przyrodnicze

1. Dlaczego lelek z Nechisor jest tak niezwykły?
2. Czy zimorodki naprawdę lęgną się zimą?
3. Gdzie można znaleźć gwiazdosza?
4. W Anglii na wolności nie występują torbacze. Prawda czy fałsz?
5. Ropuchy nie mają zębów, natomiast żaby mają je tylko w górnej szczęce. Prawda czy fałsz?
6. Co to takiego dikdik?
7. Z jakiej częstej na trawnikach rośliny można zrobić sałatkę, namiastkę kawy, a nawet wino?
8. Co to jest halo?
9. Jaki jest najmniejszy gatunek pingwina?
10. Temperatura wrzenia wody w skali Fahrenheita to...
11. Kiedy gatunek zwierzęcia zalicza się do wymarłych?
12. Co to jest sokolnictwo?
13. Co to jest *El Niño*?
14. Co to jest boswelia?
15. Gdzie mógłbyś zjeść fugu?

ODPOWIEDZI

1. Jest to najbardziej tajemniczy ptak świata. Gatunek ten opisano w 1995 roku zaledwie na podstawie pojedynczego skrzydła znalezionego na drodze w parku Nechisor w Etiopii.

2. Nie.

3. W lasach. Jest to grzyb o owocniku przypominającym nieco cebulę.

4. Fałsz. W Anglii żyją stale dwie populacje walabii Benetta: jedna w Sussex, a druga w Krainie Jezior.

5. Prawda.

6. To maleńka antylopa, wysokości w kłębie do 40 cm, zamieszkująca Afrykę.

7. Z mniszka lekarskiego.

8. Halo można zobaczyć blisko nowiu, gdy Księżyc skąpany jest w słabej poświacie. Przyczyną jest światło słoneczne odbite od Ziemi i rozproszone w górnych warstwach atmosfery.

9. Pingwin mały. Zamieszkuje wody wokół południowej Australii i Nowej Zelandii i ma tylko 40 cm wysokości.

10. ...212°F.

11. Zwierzę określa się jako wymarłe, jeśli nie napotkano go na wolności przez ostatnie 50 lat.

12. Dział łowiectwa, zajmujący się układaniem ptaków drapieżnych do polowania.

13. Zespół anomalii pogodowych mających istotny wpływ na cyrkulację oceaniczną i produktywność wód przybrzeżnych zachodnich wybrzeży Ameryki Południowej. *El Niño* zwykle pojawia się około Bożego Narodzenia.

14. To wiecznie zielone drzewo lub krzew wysokości do 6 m, pochodzące z Somalii.

15. Tę potrawę przyrządzaną z ryby kolcobrzucha (rozdymki) można zjeść tylko w niektórych japońskich restauracjach. Część narządów jest trująca i ich spożycie powoduje szybką śmierć.

ZAGADKI
przyrodnicze

1. Gdy roślinę określa się mianem „efemerycznej", to znaczy, że...
2. Jak nazywa się galaktyka, w której znajduje się Słońce?
3. Co to jest zoonoza?
4. Co to są pióra puchowe?
5. W jaki sposób broni się strzel?
6. Co to jest lęg?
7. Uważa się, że zwierzę to jest odpowiedzialne za najwięcej wypadków śmiertelnych w tropikalnych wodach Australii. O jaki gatunek chodzi?
8. Co to jest „jajożyworodność"?
9. Co to jest wąsik?
10. Przelot pospolity jest rośliną żywicielską dla jednego z naszych rzadszych motyli. Jakiego?
11. Ten niewielki ptak żyjący nad rzekami jest dobrym wskaźnikiem ich czystości. O jaki gatunek chodzi?
12. Jakiego koloru są owoce ligustru?
13. Jaka ryba przyczyniła się do pomyślnego zakończenia budowy Kanału Panamskiego?
14. Jakie zwierzę nazywa się nogą pelikana?
15. Ile szczeniąt ma lis w jednym miocie?

ODPOWIEDZI

1. ...jest to roślina jednoroczna o bardzo krótkim cyklu rozwojowym, zwykle wydająca kilka pokoleń w ciągu roku.

2. Droga Mleczna.

3. Choroba, która może być przenoszona ze zwierzęcia na człowieka.

4. To pióra o znacznie skróconej osi, z której wyrastają cienkie, wiotkie promienie.

5. W razie zaatakowania chrząszcz ten wystrzeliwuje z odwłoka w kierunku napastnika drażniącą substancję. Może oddać do 50 „wystrzałów".

6. Grupa jaj jednorazowo wysiadywana przez samicę.

7. O przezroczystą, prawie niewidoczną kostkomeduzę z gatunku *Chironex fleckeri*.

8. Sposób rozmnażania, polegający na tym, że rozwój zarodka w jaju odbywa się w organizmie matki i młode uwalniają się z otoczek jajowych tuż przed albo tuż po złożeniu jaja. W ten sposób rozmnaża się wiele grup owadów, ryb i gadów.

9. To nieduży brązowy motyl o niezwykle długich czułkach. Żyje w Europie w lasach liściastych i mieszanych.

10. Modraszka malczyka.

11. O pluszcza. Na żerowiska i do lęgów wybiera tylko czyste wody.

12. Czarne.

13. Gambuzja. Ta żarłoczna mała ryba potrafi zjeść tyle larw komara przenoszącego malarię, ile sama waży, stąd zmniejsza znacznie ryzyko zarażenia się człowieka malarią i żółtą febrą. Dlatego aklimatyzowano ją w wielu krajach.

14. Jest to nazwa ślimaka morskiego o spiralnej muszli z wachlarzowato rozszerzonym ostatnim zwojem, przypominającym płetwiastą nogę pelikana.

15. Przeważnie cztery do pięciu, rodzą się wiosną.

ZAGADKI
przyrodnicze

1. Z futra jakiego zwierzęcia wykonano czapkę Davy'ego Crocketta (1786–1836), znanego amerykańskiego trapera?
2. Co to jest pangolin?
3. Co to jest epifit?
4. Z czego zbudowana jest grzechotka grzechotnika?
5. Jakiej barwy są kwiaty chmielu?
6. Niedźwiedź polarny żyje w Arktyce i na Antarktydzie. Prawda czy fałsz?
7. Szarańcza to jeden z głównych szkodników w wielu miejscach na świecie. Ile pokarmu może zjeść dziennie jedno stado?
8. Do czego niektóre ptaki wykorzystują mrówki?
9. Czy komar słyszy?
10. Jakie gatunki drzew preferowane są przez jemiołę?
11. Co to są scynki?
12. Jak myśliwi określają odchody głuszca?
13. Co to jest paszczak?
14. Czym żywi się dorosła postać niesobki chmielanki?
15. Podaj trzy zasadnicze cechy odróżniające ptaki od reszty zwierząt.

ODPOWIEDZI

1. Z futra szopa pracza.
2. Mrówkożerny ssak z rzędu łuskowców.
3. Roślina niezakorzeniona w glebie, wyrastająca najczęściej na innych roślinach, służących za podporę wysoko nad poziomem gruntu. Epifity nie są pasożytami.
4. Z martwych warstw naskórka niezrzuconych wraz z kolejnymi wylinkami.
5. Zielonej.
6. Fałsz. Tylko w Arktyce. W Antarktyce brak rodzimych ssaków lądowych.
7. Stado szarańczy może liczyć do 50 miliardów osobników, zajmować 1000 kilometrów kwadratowych i zjeść 3000 ton roślinności dziennie.
8. Około 200 gatunków ptaków wykorzystuje mrówki do oczyszczania swego upierzenia. Siadają wprost na mrowisku bądź umieszczają mrówki dziobem na swych piórach. Owady wydzielają w odruchu obronnym kwas mrówkowy, który odstrasza pasożyty.
9. Tak. Samica nieustannie brzęczy, uderzając skrzydłami do 600 razy na sekundę. Czułki samca wychwytują te drgania.
10. Głównie jabłoń i topola.
11. Małe i średnie jaszczurki o bardzo gładkich błyszczących łuskach.
12. To knoty.
13. To nocny ptak o podobnej do żaby paszczy, występujący w Azji Południowo-Wschodniej i w Australii.
14. Niczym. Dorosła ćma, której gąsienice żerują na korzeniach chmielu, nie pobiera pokarmu.
15. Wszystkie ptaki mają dziób, parę skrzydeł i pióra.

ZAGADKI
przyrodnicze

1. Co to jest eustazja?
2. Jaki kolor mają stopy czapli nadobnej?
3. Mątwa porusza się na zasadzie odrzutu. Prawda czy fałsz?
4. Czym zajmuje się meteorologia?
5. Ile zębów ma płetwal błękitny?
6. Ile metrów mierzył najdłuższy znany wąż?
7. Jaki wiek osiągnął najstarszy żółw?
8. Najliczniejszą rodziną owadożernych są...
9. Rodziny kotowatych i psowatych łączy jedna uderzająca cecha: jaka?
10. Co to jest barglik nowozelandzki?
11. Znajdywano pajączki „płynące" w powietrzu na odległość 5 tys. km. Prawda czy fałsz?
12. Jaką grupę ptaków czasem określa się jako „morskie jaskółki"?
13. Jakiego koloru jest dziób wieszczka?
14. Co znaczy słowo „eutroficzny"?
15. Gdzie spotkasz „irlandzki mech"?

ODPOWIEDZI

1. To termin określający globalne zmiany poziomu morza powodowane przez narastanie bądź cofanie się czap lodowych na biegunach. To ostatnie spowodowało w ostatnim stuleciu stopniowy wzrost poziomu morza.

2. Czapla nadobna ma nogi czarne, a stopy żółte u osobników z Europy i czarne u okazów z Australii.

3. Prawda.

4. Pogodą.

5. Ani jednego. Ma fiszbiny i pokarm odcedza.

6. Pewien pyton siatkowy miał 10 m.

7. Żółw lądowy, podarowany przez kapitana Cooka rodzinie królewskiej z Tonga w 1773 lub 1774 roku przebywał u niej do swej śmierci w 1965 roku. Oznacza to, że miał przynajmniej 188 lat.

8. ...ryjówkowate, liczące około 265 gatunków.

9. Obie rodziny liczą tyle samo żyjących przedstawicieli: po 37 gatunków.

10. To najmniejszy nowozelandzki ptak, przypominający strzyżyka, z długim, ostrym dziobem.

11. Prawda. Kiedy pajączki opuszczają kokon, kierują się ku najwyższemu punktowi, którym może być źdźbło trawy, i produkują nić, która unosi się w powietrzu. Pełni ona funkcję spadochronu i pomaga pajączkom się przenosić, dryfując na wietrze, często na znaczne odległości.

12. Rybitwy.

13. Żółtego.

14. Żyzny (w odniesieniu do ekosystemów wodnych).

15. To zwyczajowa nazwa krasnorostu (glonu), rosnącego w strefie przypływu.

ZAGADKI
przyrodnicze

1. Co stanowi główny pokarm wombata?
2. Co to jest pedologia?
3. Bogiem czego w mitologii greckiej był Eol?
4. Z jakich drzew uzyskuje się terpentynę?
5. Ile gatunków kiwi żyje na świecie?
6. Różowe zabarwienie piór czerwonaka pochodzi od skorupiaków i glonów, które ten ptak zjada. Prawda czy fałsz?
7. Jaka jest najrzadsza europejska gęś?
8. Lęgowe populacje sterniczki jamajskiej spotyka się w Irlandii i Anglii. Skąd pochodzi ta kaczka?
9. Co jest wspólne dla wszystkich (800) gatunków dębu?
10. Co jest największym ziemskim ekosystemem?
11. Jakiej barwy jest kwiat firletki poszarpanej?
12. Ile młodych rocznie ma jeż?
13. Wymień trzy grupy ssaków, które w toku ewolucji wybrały życie w morzu.
14. Co to jest krakwa?
15. Największy rząd ssaków, gryzonie, zawiera 28 rodzin. Ile liczy sobie gatunków?

ODPOWIEDZI

1. Trawy.
2. Nauka o glebach.
3. Wiatrów.
4. Z drzew iglastych.
5. Tylko trzy: brunatny, plamisty i mały. Wszystkie są endemiczne dla Nowej Zelandii.
6. Prawda.
7. Grenlandzki podgatunek gęsi białoczelnej. Liczebność populacji ocenia się na 30 tysięcy osobników.
8. Z Ameryki Północnej.
9. Wszystkie mają żołędzie.
10. Ocean.
11. Różowej.
12. Jeże mają jeden lub dwa mioty rocznie średnio po pięć młodych.
13. Płetwonogie (foki i morsy), walenie (wieloryby i delfiny) oraz syreny (manaty i diugoń).
14. To gatunek kaczki.
15. Około 1650 gatunków. Stanowi to 40% wszystkich znanych gatunków ssaków.

Zdumiewające fakty

Stare drzewo
Najstarszym żyjącym dziś organizmem jest sosna kolczasta. Jedno z drzew, ścięte w 1964 r. dla celów naukowych, miało 4900 pierścieni przyrostu rocznego. Sosna kolczasta znaleziona na wysokości 2700 m w Górach Białych w Kalifornii nazywana jest matuzalemem, a jej wiek ocenia się na 4600 lat. Uważa się, że drzewa te dożywają 5,5 tysiąca lat.

Hałaśliwy owad
Samiec piewika, wprawiając w drgania o częstotliwości 125 Hz swój narząd tympanalny, może wydawać dźwięk słyszalny z odległości 400 m. Grupa cykad grająca wspólnie jest w stanie wytworzyć hałas głośniejszy niż jumbo jet, zagrażający słuchającemu głuchotą.

Mikroowad
Samiec pewnej wszy i pewna pasożytnicza osa są tak małe, że na 1 g potrzeba 200 tysięcy tych owadów (jeden osobnik waży tylko 0,005 mg).

Nienasycony apetyt
Larwa pewnej ćmy przez pierwsze 56 dni życia zjada 86 000 razy więcej pokarmu, niż waży po urodzeniu. To tak jakby noworodek o wadze 3,17 kg zjadał 273 tony pokarmu.

Pustynna burza
Osobnik szarańczy dziennie może zjeść tyle, ile waży. Stado liczące 50 milionów osobników (czyli niewielkie) może zjeść pokarm, który wystarczyłby 500 ludziom na rok.

Namacalny zapach
Samiec pawicy grabówki jest w stanie wykryć feromony samicy własnego gatunku z odległości 11 km. Chemoreceptory na czułkach samca mogą zareagować na pojedynczą cząsteczkę zapachu, którego samica wydziela mniej niż 0,0001 mg.

ZAGADKI
o lądach i wodach

1. Jak nazywa się najdłuższa rzeka świata?
2. Która ze znanych substancji chemicznych jest najbardziej niezwykła?
3. Która rzeka ma największe dorzecze na świecie?
4. Jak inaczej nazywają się bzygi?
5. Jak duże były największe kiedykolwiek zaobserwowane kule gradowe?
6. Gdzie znajduje się największy na świecie krater meteorytowy?
7. Jak nazywa się najwyższy na świecie wodospad?
8. Gdzie znajduje się i jak się nazywa najdłuższa rafa koralowa?
9. Jak nazywa się największy ocean?
10. Co to jest wieczna zmarzlina?
11. Gdzie położony jest najzimniejszy, stale zamieszkany rejon kuli ziemskiej?
12. Gdzie znajduje się najdłuższy na świecie lodowiec?
13. Gdzie płynie najkrótsza na świecie rzeka?
14. Która z wysp jest największa na świecie?
15. Jakie jezioro ma największą powierzchnię?

ODPOWIEDZI

1. Nil w Afryce. Od źródeł do ujścia ma 6671 km.

2. Woda. Z naukowego punktu widzenia jest to bardzo ciekawa substancja. Większość cieczy kurczy się na skutek ochłodzenia – woda się rozszerza. Większość cieczy gęstnieje po zakrzepnięciu – woda staje się rzadsza.

3. Amazonka w Ameryce Południowej. Powierzchnia jej dorzecza wynosi ponad 7 mln km^2.

4. Mszycówki.

5. W Bangladeszu w 1986 roku spadł grad, którego pojedyncza kula ważyła jeden kilogram. Zginęło wtedy wiele osób.

6. Krater Chicxulub w Meksyku, na półwyspie Jukatan. Ma 180 km średnicy i około 1000 m głębokości.

7. Salto Angel w Wenezueli. Najdłuższa pojedyncza struga ma 807 m, a całkowita wysokość wynosi 979 m.

8. Wielka Rafa Koralowa u wschodnich wybrzeży Australii, składająca się z tysięcy odrębnych raf, tworzących ciąg długości 2027 km.

9. Ocean Spokojny.

10. Zamarznięty grunt, który nigdy nie odmarza. Obszary wiecznej zmarzliny znajdują się w obszarach polarnych.

11. Miejscowość Ojmiakon na Syberii, gdzie w 1933 roku zarejestrowano najniższą temperaturę –68°C, a ostatnie nieoficjalne dane podają spadek temperatury do –72°C.

12. Na Antarktydzie. Lodowiec Lambert ma długość co najmniej 700 km.

13. Rzeka North Fork Roe w Montanie (USA) ma tylko 17,7 m długości.

14. Grenlandia.

15. Największym jeziorem świata jest Morze Kaspijskie, otoczone przez terytoria Rosji, Kazachstanu, Turkmenistanu, Azerbejdżanu i Iranu. Powierzchnia tego jeziora wynosi 371 800 km^2.

ZAGADKI
przyrodnicze

1. Co w ekologii oznacza termin „neutralizm"?
2. Jak nazywa się najbardziej zewnętrzna część atmosfery słonecznej widoczna jedynie podczas całkowitego zaćmienia?
3. Co to jest i gdzie można znaleźć „dłoń topielca"?
4. Co to jest ogorzałka?
5. Co to są płazy?
6. Co to są „kocie łapki"?
7. Gdzie można spotkać nietoperze wampiry?
8. Co to jest surykatka?
9. Co to są szkarłupnie?
10. Co to są sawanny?
11. Co to są torbacze?
12. Co to jest walabia?
13. Co to jest sidlisz piwniczny?
14. Jak inaczej nazywa się miodożer?
15. Do jakiej rodziny należy skunks?

ODPOWIEDZI

1 Współwystępowanie dwóch gatunków niepowiązanych żadnymi wzajemnymi zależnościami.
2 Korona słoneczna.
3 Koralowiec ośmiopromienny o miękkim ciele, zamieszkujący przybrzeżne skaliste rejony Morza Śródziemnego.
4 Kaczka z grupy grążyc, gnieżdżąca się w Skandynawii.
5 To gromada kręgowców o miękkiej, wilgotnej i pozbawionej łusek skórze, obejmująca żaby, traszki, salamandry i ropuchy. Okres rozwoju larwalnego płazy przechodzą w wodzie.
6 Ludowa nazwa byliny suchych środowisk, ukwapu dwupiennego.
7 W Ameryce Południowej.
8 Gatunek z rodziny łaszowatych, żyjący stadnie w południowej Afryce.
9 Gromada zwierząt morskich, obejmująca: rozgwiazdy, jeżowce, wężowidła, strzykwy i liliowce.
10 Wielkie trawiaste obszary w Afryce w strefie międzyzwrotnikowej, pokrywające ponad jedną czwartą kontynentu.
11 Grupa ssaków, mających specjalną skórną torbę, w której po urodzeniu przebywają ich młode.
12 Rodzaj niewielkiego kangura.
13 To gatunek pająka.
14 Ratel.
15 Do łasicowatych.

ZAGADKI
przyrodnicze

1. Z jaką rodziną spokrewniony jest szop pracz?
2. Co to jest dutka?
3. Jak dawniej nazywał się pingwin białooki?
4. Ile znamy gatunków motyli dziennych? 1200, 5000 czy 15 000?
5. Do jakiej rodziny zaliczamy hienę?
6. Ile gatunków liczy rodzina krukowatych? Około 75, 110 czy 570?
7. Jak nazywa się największy dziki kot w rejonie śródziemnomorskim?
8. Jak potocznie nazywa się karczownika?
9. Jak inaczej nazywa się mangusta egipska?
10. Który z węży spotykanych w południowej Europie jest największy?
11. Ile znamy gatunków niedźwiedzi?
12. Co to jest kwagga?
13. Co to jest busz?
14. Co to jest las igapo?
15. Który z południowoamerykańskich lisów nazywany jest krabojadem?

ODPOWIEDZI

1. Szop pracz należy do rodziny szopowatych, spokrewnionych z niedźwiedziami i łasicowatymi.
2. Nasada ptasiego pióra.
3. Pingwin Adeli.
4. 15 000.
5. Do hienowatych.
6. Około 110 gatunków.
7. Pardel, inaczej ryś hiszpański.
8. Szczur wodny.
9. Ichneumon.
10. Malpolon, dorastający do dwóch metrów długości.
11. Znanych jest osiem gatunków: baribal, wargacz, brunatny, polarny, malajski, andyjski, himalajski i panda wielka.
12. Wymarły gatunek zebry. Ostatni osobnik zakończył żywot w zoo w Amsterdamie 12 sierpnia 1883 roku.
13. Pospolite w Afryce i Australii zbiorowisko suchych, niekiedy kolczastych zarośli lub niewysokich drzew.
14. To południowoamerykański ubogi w gatunki las na terenach zalewowych.
15. Majkong.

ZAGADKI
przyrodnicze

1. Nazwy gatunkowe: „szara", „olbrzymia", „modronosa", „purpurowa" i „nadobna" odnoszą się do ptaków z rodziny...
2. Podaj pięć gatunków z rodzaju ryś.
3. Co to jest nawałnik burzowy?
4. Co to jest kokoszka?
5. Co to jest drop?
6. Co charakteryzuje ptaki z rodziny dzierzb?
7. Wymień gatunki żółwi morskich.
8. Jak nazywa się największa antylopa?
9. Co to jest jukka?
10. Czym odznacza się grzechotnik rogaty?
11. Dinozaury były gadami. Prawda czy fałsz?
12. Jaką rodzinę ptaków określa się jako ptactwo wodne?
13. Skąd pochodzi indyk?
14. Jakie było jedno z pierwszych zwierząt udomowionych przez człowieka?
15. U jakich zwierząt pojawił się po raz pierwszy kręgosłup?

ODPOWIEDZI

1. ...czapli.
2. Ryś, ryś kanadyjski, pardel, ryś rudy i karakal.
3. Przybrzeżny ptak morski wielkości jaskółki. Częsty.
4. Podobny do łyski spory ptak o czerwonym dziobie.
5. To wielki ptak występujący nielicznie w Europie i Afryce. Dobry lotnik.
6. Ptaki te mają zwyczaj nabijania zdobyczy na ciernie i gałązki i sporządzania w ten sposób „spiżarni" z zapasami.
7. Żółw jadalny, szylkretowy, karetta, żółw oliwkowy, żółw oliwkowy Kempa, żółw jadalny australijski.
8. Eland, ma prawie 2 metry wysokości i 3,4 m długości. Występuje na obszarach Afryki równikowej i południowej.
9. Roślina pustynna z rodziny agawowatych.
10. Ten wąż porusza się po piasku, wyginając ciało i przesuwając się w kierunku bocznym.
11. Prawda.
12. Łabędzie, gęsi i kaczki.
13. Z Ameryki Północnej.
14. Koza.
15. U ryb.

ZAGADKI
przyrodnicze

1. Jak nazywa się najmniejsza antylopa świata?
2. Jak nazywamy larwy i narybek węgorza?
3. Ile gatunków much żyje na świecie: 10 000, 90 000 czy 200 000?
4. Z jakim gatunkiem spokrewniony jest świszcz z Ameryki Północnej?
5. Co to są skoczki?
6. Co oznacza nazwa *Tyrannosaurus rex*?
7. Do jakiej rodziny należy kondor?
8. Ile gatunków jeleni żyje na świecie: 29, 36 czy 89?
9. Co to są tukany?
10. Czym zajmuje się paleontolog?
11. Co to jest odrętwienie?
12. Do jakiej rodziny należy okrężnica?
13. Dzik występuje w większości krajów europejskich. Podaj nazwę państwa w Europie, gdzie go nie ma w stanie dzikim.
14. Jaki ptak spóźnił się na kolację w wierszu Juliana Tuwima?
15. Co to jest tuatara?

ODPOWIEDZI

1. Antylopa karłowata, wysokości 25 cm, zamieszkująca Afrykę Zachodnią.
2. Są to leptocefale.
3. 90 tysięcy.
4. Ze świstakiem.
5. Rodzaj małych gryzoni o długich tylnych kończynach, zamieszkujących tereny pustynne.
6. Król – jaszczur tyran.
7. Do rodziny kondorów.
8. 36 gatunków.
9. To średnie do dużych ptaki o wielkich, często żywo ubarwionych dziobach. Wszystkie 38 gatunków zamieszkuje tropikalne lasy Ameryki Południowej.
10. Badaniem skamieniałości.
11. To sposób oszczędzania energii przez niektóre zwierzęta, polegający na obniżaniu temperatury ciała i zwalnianiu rytmu serca.
12. Ta wodna roślina należy do pierwiosnkowatych.
13. Irlandia, Wielka Brytania, Islandia i państwa skandynawskie.
14. Słowik.
15. Inaczej hatteria. To gatunek gada występujący tylko na Wyspie Północnej Nowej Zelandii. Jest jedynym przedstawicielem rzędu, który wymarł 65 milionów lat temu.

ZAGADKI
przyrodnicze

1. Czym był *Pterosaurus*?
2. Co to jest bąkojad?
3. Czym był *Eohippus*?
4. Do jakiej grupy ssaków należy dorkas?
5. Kiedy wymarły dinozaury?
6. Co to jest tanagra wspaniała?
7. Czy wszystkie piranie są mięsożerne?
8. Hinduski bóg Ganesza ma głowę...
9. Co niezwykłego jest w sposobie snu u delfinów, wielorybów i fok?
10. Husarz występuje w wielu miejscach w Europie. Co to jest?
11. Czy pszczoły widzą kolor czerwony?
12. Słoniątka ssą swe trąby, tak jak niemowlęta kciuk. Prawda czy fałsz?
13. Jaką długość ma język żyrafy?
14. Istnieje kot syjamski, a także bojownik syjamski. Prawda czy fałsz?
15. Liściarka, hurtnica i rudnica to gatunki...

ODPOWIEDZI

1. Dużym latającym dinozaurem.
2. Dwa gatunki tych ptaków występują w Afryce. Oba trzymają się blisko nosorożców i innych dużych ssaków, żywiąc się kleszczami i innymi owadami uprzykrzającymi życie gospodarzom.
3. Przodkiem konia. Zamieszkiwał Ziemię przed 50 milionami lat i miał zaledwie 60 cm wysokości.
4. Do gazeli. Żyje w Afryce Północnej, na Bliskim Wschodzie i w Indiach.
5. Około 65 milionów lat temu.
6. Pięknie ubarwiony ptak tropikalnego lasu deszczowego z Ameryki Południowej.
7. Nie. Mimo że piranie mają reputację krwiożerczych, pewne ich gatunki jedzą wyłącznie owoce.
8. ...słonia.
9. U tych zwierząt odpoczywa tylko jedna półkula mózgu. Druga czuwa na wypadek niebezpieczeństwa.
10. Gatunek ważki.
11. Nie, postrzegają go jako czerń.
12. Prawda.
13. Około 45 cm.
14. Prawda. Bojownik syjamski jest rybą akwariową.
15. ...mrówek.

ZAGADKI przyrodnicze

1. Z jakim zwierzęciem spokrewnione jest okapi?
2. Jakie jest najbardziej obecnie rozpowszechnione wyjaśnienie powodów wyginięcia dinozaurów?
3. Ile godzin dziennie śpi leniwiec?
4. Do czego służy i jak się nazywa soczewkowate woskowe ciało umiejscowione w części czołowej większości małych waleni?
5. Słonie mogą wykryć wodę pod ziemią. Prawda czy fałsz?
6. Co to jest różanka?
7. Gdzie różanka składa ikrę?
8. Co to jest marmozeta?
9. Piesiec na podeszwach stóp ma futro. Prawda czy fałsz?
10. Szop pracz starannie myje pokarm przed zjedzeniem. Prawda czy fałsz?
11. Co to są złotki?
12. Głowę jakiego zwierzęcia miał Anubis, bóg starożytnego Egiptu?
13. Gdzie u pająków znajdziesz włoski czuciowe?
14. W jaki sposób samica aligatora przygotowuje miejsce na jaja?
15. Jakie zwierzę uważano kiedyś za krzyżówkę wielbłąda i lamparta?

ODPOWIEDZI

1. Z żyrafą.

2. Potężna kolizja naszej planety i ciała niebieskiego, najprawdopodobniej asteroidy, który uderzył w Ziemię przypuszczalnie w pobliżu półwyspu Jukatan w Meksyku. Wielka chmura pyłu wytworzona na skutek zderzenia spowodowała katastrofę ekologiczną na naszej planecie.

3. Około 19 godzin dziennie.

4. Ciało to, zwane melonem, służy skupianiu produkowanych w przewodach nosowych dźwięków echolokacyjnych. Po zogniskowaniu w melonie dźwięki te są wysyłane w toń wodną, natomiast sygnały odbite są wyłapywane przez żuchwę i przekazywane do ucha wewnętrznego.

5. Prawda.

6. Mała słodkowodna rybka z rodziny karpiowatych, której samce podczas tarła przybierają jaskrawą różowofioletową barwę.

7. W jamie skrzelowej słodkowodnych małży (skójki lub szczeżui).

8. Mała małpka, wielkością zbliżona do wiewiórki, zamieszkująca lasy deszczowe Ameryki Południowej. Kilka gatunków.

9. Prawda; futro wyrasta zimą, aby chronić poduszki stóp zwierzęcia przez zimnem i skaleczeniami.

10. Prawda, jeśli ma wodę w pobliżu.

11. Jaskrawo ubarwione ptaki zamieszkujące Amerykę Środkową i Południową.

12. Szakala.

13. Na nogach pająka znajdują się włoski czuciowe wrażliwe na najmniejszy ruch powietrza.

14. Kilkoma silnymi ruchami ogona zgarnia na jedno miejsce stos błota i gnijących liści.

15. Żyrafę.

ZAGADKI przyrodnicze

1. Pod jaką nazwą znany jest w handlu morlesz?
2. Jaki polski ssak ma najwięcej zębów?
3. Któremu bóstwu starożytnej Grecji poświęcony był wawrzyn?
4. Dlaczego perkozy, podobnie jak inne typowo wodne ptaki, są nieporadne na lądzie, a zwinne w wodzie?
5. Do jakiej rodziny należy objęty ścisłą ochroną mikołajek nadmorski?
6. Syrop klonowy wybierany jest z gniazd pszczół klonowych. Prawda czy fałsz?
7. Czyimi muszlami ozdabiali swój strój średniowieczni pielgrzymi?
8. Co to są włosy Wenery?
9. Ćmy sówkowate mają narządy słuchu umieszczone na końcu ciała. Prawda czy fałsz?
10. Co to są nicienie?
11. Z jakiego drewna rzeźbi się najlepsze fajki?
12. Ile pokarmu musi zjeść dziennie królik, aby utrzymać się w dobrej formie?
13. Jakiego koloru są kwiaty szafranu spiskiego?
14. W jaki sposób osły znalazły się w Irlandii?
15. Gdzie rośnie kosaciec żółty?

ODPOWIEDZI

1. Ta europejska ryba sprzedawana jest jako dorada lub pagrus.
2. Kret; ma 44 zęby o ostrych tnących krawędziach. Krety nie mają uzębienia mlecznego.
3. Apollinowi.
4. Nogi perkozów, podobnie jak nurów, umieszczone są daleko z tyłu ciała (jak ster i śruba w łódce), aby lepiej napędzać i sterować w wodzie; powoduje to jednak trudności w poruszaniu się na lądzie i utrzymaniu równowagi na dwóch łapach, dlatego ptaki te rzadko opuszczają wodę.
5. Baldaszkowatych.
6. Fałsz. Syrop klonowy wyrabia się z soku klonu cukrowego rosnącego w Ameryce Północnej.
7. Przegrzebka.
8. Inaczej adiantum, gatunek paproci o delikatnych romboidalnych listkach osadzonych na cienkich gałązkach.
9. Prawda; ich „uszy" są bardzo czułe i znajdują się po bokach ostatniego segmentu odwłoka.
10. Robaki obłe, powszechne w wielu środowiskach, począwszy od wód morskich i gleby, a skończywszy na ciałach zwierząt i roślin.
11. Z drewna korzeni wrzośca czerwonego.
12. Pół kilograma roślin.
13. Liliowego. Roślina ta spotykana jest w Tatrach i znajduje się pod ścisłą ochroną. Popularnie: krokus.
14. Zostały podczas wojen napoleońskich przywiezione z Hiszpanii w drodze wymiany za konie. Osioł domowy pochodzi od dzikiego osła (nubijskiego i somalijskiego), udomowionego w starożytnym Egipcie.
15. Jest to roślina terenów bagiennych i podmokłych, pospolita w Europie, rejonie Kaukazu, na Bliskim Wschodzie i w północnej Afryce.

Zdumiewające fakty

Mały ale śmiertelnie groźny
Zarodziec malarii, przenoszony przez komary, jest prawdopodobnie odpowiedzialny za około 50% zgonów, począwszy od epoki kamiennej, wyłączając wojny i wypadki. W obszarze saharyjskim każdego roku umiera z powodu malarii od 1,4 do 2,8 miliona ludzi.

Mikroskopijne zagrożenie
Wirusy są tak małe, że można je zobaczyć jedynie pod mikroskopem elektronowym, przy powiększeniu około 30 000 razy. Ich wielkość waha się od 0,000018 do 0,0006 mm.

Ogrodowy żarłok
Przy nieograniczonej ilości pożywienia i braku wrogów jeden osobnik mszycy kapuścianej teoretycznie jest w stanie „wyprodukować" 822 miliony ton potomków w ciągu roku. Ponad trzykrotnie przewyższa to wagę całej ludności Ziemi.

Morski olbrzym
Płetwal błękitny pożera dziennie cztery tony kryla, odcedzanego z wody morskiej, i jest niemal tak długi jak boeing 737.

Ogłoszenia usługowe
Ryba czyściciel ma własny sposób ogłaszania swoich usług. Mianowicie lokuje się w pobliżu żywo ubarwionego ukwiału czy gąbki, a stada większych ryb tłoczą się w kolejce do oczyszczenia z pasożytów, grzybów itd.

Poszukiwanie walenia
Prawdopodobnie odkryto nieznany i jeszcze nieopisany gatunek wala dziobogłowego. Waleń ten jest tak rzadki, że dotychczas widziano go tylko 30 razy na pełnym morzu, dlatego brak dokładnego opisu i oficjalnej nazwy.

ZAGADKI
o drzewach

1. Co to są drzewa szpilkowe?
2. Co oznacza termin – las mieszany?
3. Co to jest mirabelka?
4. Sekwoje mogą osiągać wysokość 100 m. Prawda czy fałsz?
5. Co wspólnego mają mniszek lekarski i klon?
6. Jakie drzewo służy najczęściej jako choinka?
7. Czy kosodrzewina jest gatunkiem sosny?
8. Dlaczego drzewa mają liście?
9. Dlaczego drzewa zrzucają liście?
10. Z czego robione są kije do krykieta?
11. Jak potocznie określa się tropikalny las deszczowy?
12. Dlaczego tropikalne lasy deszczowe są tak ważne dla ekosystemu Ziemi?
13. Dlaczego w wielu krajach Europy mrówka rudnica objęta jest ochroną?
14. Ile gatunków dębów znanych jest na świecie?
15. Czy owoc morwy jest jadalny?

ODPOWIEDZI

1. To drzewa, których liście mają kształt szpilek lub łusek.
2. To las z więcej niż jednym gatunkiem drzew.
3. Jest to podgatunek śliwy domowej, lubaszki o żółtych owocach.
4. Prawda. Niektóre osobniki mierzą 110 m wysokości.
5. Ich nasiona są przenoszone przez wiatr.
6. Świerk pospolity.
7. Tak.
8. Bez nich nie mogłyby pobierać energii słonecznej.
9. Aby oszczędzać wodę i energię zimą.
10. Z drewna wierzby.
11. To dżungla.
12. Ponieważ zawierają najbogatsze i najbardziej zróżnicowane zbiorowiska roślin, w tym drzew, i zwierząt na świecie.
13. Gdyż zwalcza wiele szkodników lasu.
14. Na świecie istnieje co najmniej 400 gatunków tego rodzaju.
15. Tak. Te ciemne, podobne do jeżyn, owoce są smaczne.

ZAGADKI
przyrodnicze

1. Co to jest kulon?
2. Czym brzoza brodawkowata różni się od brzozy czarnej?
3. Ile ramion ma rozgwiazda *Solaster*?
4. Co to jest maślanka wiązkowata?
5. Skąd wzięła nazwę iglica pospolita?
6. Co to jest koleń?
7. Co to są kopytne?
8. Czym jest wektor w świecie zwierząt?
9. Gdzie znajduje się pustynia Gobi?
10. Co to jest wrotycz?
11. W Afryce nie ma lodowców. Prawda czy fałsz?
12. Do jakiej rodziny ryb należy aloza?
13. Dunaj ma 2850 km długości. Przez ile państw przepływa?
14. Co to takiego są trzpienniki?
15. Czy pokrzywnica przypomina wróbla?

ODPOWIEDZI

1. Ptak siewkowaty aktywny o zmierzchu i nocą, w Polsce skrajnie rzadki.

2. Gałęzie brzozy brodawkowatej ustawione są względem pnia pod kątem ostrym i zwrócone ku górze, natomiast u brzozy czarnej gałęzie ułożone są niemal prostopadle do pnia. Ponadto w korze brzozy czarnej brak betuliny i dlatego jest ona ciemna.

3. Jest to gatunek rozgwiazdy często spotykanej na kamienistych wybrzeżach. Rozgwiazda ta ma 12 ramion.

4. Leśny grzyb kapeluszowy.

5. Ta niewielka roślina z rodziny bodziszkowatych ma charakterystyczne nasiona w typie rozłupek opatrzonych długą ością, która wkręca nasienie w podłoże.

6. Gatunek rekina. Nazwa pochodzi od kolca umieszczonego przed każdą z płetw grzbietowych.

7. Kopytne to zwierzęta mające kopyta. Ogółem istnieje ponad 200 gatunków tych zwierząt, włączając m.in. słonie, hipopotamy, wielbłądy, bydło i koniowate.

8. Gatunkiem zwierzęcia, np. owada przenoszącego choroby czy pasożyty.

9. W Mongolii i Chinach.

10. Roślina z rodziny złożonych o drobnych żółtych kwiatach zebranych w baldachogrona, wieloletnia, dorastająca do 150 cm wysokości; silnie aromatyczna, używana w ziołolecznictwie.

11. Fałsz. Lodowce znajdują się w Afryce Wschodniej na stokach gór Kilimandżaro i Kenia, a także na Ruwenzori.

12. Do śledziowatych.

13. Przez osiem państw: Niemcy, Austrię, Słowację, Ukrainę, Węgry, Serbię, Rumunię i Bułgarię; wpada do Morza Czarnego.

14. Grupa owadów spokrewnionych z osami i pszczołami.

15. Tak. Rozmiarami, krępą sylwetką i ubarwieniem.

ZAGADKI przyrodnicze

1. Co to jest prawdziwek?
2. Co oznacza słowo „mięczak"?
3. Do jakiej grupy zaliczane są rośliny o nazwach gatunkowych: „samczy", „męski" i „kukawka".
4. Co to jest chropik?
5. Gąsienice marzymłódki proporca są trujące. Który gatunek ptaka zjada je bezkarnie?
6. Kwiaty tarniny pojawiają się po rozwinięciu się liści. Prawda czy fałsz?
7. Czym żywi się monarch?
8. Jaki kolor ma wnętrze dzioba pisklęcia kruka?
9. Co oznacza termin „osiadły"?
10. Jaki jest najmniejszy ssak Polski?
11. Rudzik należy do rodziny drozdów. Prawda czy fałsz?
12. Brodziec śniady ma w szacie spoczynkowej czerwone nogi. Jaki kolor przybierają one u ptaka w szacie godowej?
13. Młode foki pospolitej przychodzą na świat w wodzie. Prawda czy fałsz?
14. Od czego pochodzi nazwa mewy trójpalczastej?
15. Na miejsce 10 ściętych drzew sadzi się tylko jedno. Jak szybko zniknie cała reszta tropikalnych lasów, jeśli ta proporcja się utrzyma?

ODPOWIEDZI

1. Rozpowszechniony grzyb jadalny, inaczej: borowik szlachetny.
2. Bezkręgowce o „miękkim" ciele.
3. Wszystkie należą do storczyków.
4. To niewielka ryba morska.
5. Kukułka.
6. Fałsz. Kwitnie ona, zanim rozwiną się liście, w przeciwieństwie do głogu, który zachowuje się odwrotnie.
7. Roślinami z rodziny trojeściowatych.
8. Jasnoczerwone. Dość dziwne, zważywszy, że ptak jest czarny.
9. W przypadku zwierząt wodnych – przytwierdzony nieruchomo do podłoża; w przypadku innych zwierząt – przebywający cały rok w tej samej okolicy (np. ptak, który nie odlatuje na zimę).
10. Ryjówka malutka.
11. Prawda.
12. Czarny.
13. Fałsz. Rodzą się one na piaszczystym brzegu lub na skale. Młode tuż po urodzeniu potrafi pływać.
14. U ptaka tego brak czwartego, skierowanego do tyłu palca.
15. Ocenia się, że w tym tempie lasy te, pokrywające obecnie 12% powierzchni lądu, znikną do 2035 r.

ZAGADKI
przyrodnicze

1. Jakiego koloru są dojrzałe owoce bzu lekarskiego?
2. Pewne malutkie komary mogą uderzać skrzydłami 50 tysięcy razy na minutę. Prawda czy fałsz?
3. Co łączy niedźwiedzia, nietoperza, węża, orzesznicę, jeża i biedronkę siedmiokropką?
4. Do jakiego gatunku należała sowa Harry'ego Pottera?
5. Co to jest miedziogłówka olbrzymia?
6. W jakich miesiącach kwitnie bluszcz?
7. Węgorz elektryczny z Amazonki potrafi wytworzyć prąd o napięciu 1000 V. Prawda czy fałsz?
8. Jakiego koloru są nogi krogulca?
9. Jaki jest największy znany bezkręgowiec?
10. Skąd pochodzi słowo „zoologia"?
11. Jak zapylane są dzikie banany?
12. Nauce znanych jest ponad 275 tysięcy roślin. Prawda czy fałsz?
13. Co to jest szczekuszka tybetańska?
14. Jakiego koloru są nogi dorosłej mewy siodłatej?
15. Co znaczy termin „abiotyczny"?

ODPOWIEDZI

1. Czarne.
2. Prawda. Ta zadziwiająca liczba odpowiada około 830 uderzeniom skrzydeł na sekundę.
3. Wszystkie hibernują (zapadają w odrętwienie zimowe).
4. Sowa śnieżna.
5. Jadowity wąż zamieszkujący Australię.
6. W Polsce od sierpnia do września.
7. Fałsz. Napięcie tego prądu sięga około 500 V.
8. Są żółte.
9. Kałamarnica olbrzymia, której długość może wynosić ponad 18,5 m.
10. Z greckiego „dzoon", co oznacza zwierzę, i „logos" – wiedza.
11. Przez nietoperze szukające w nocy nektaru.
12. Prawda.
13. Ssak spokrewniony z królikami i zającami, zamieszkujący w Himalajach do wysokości 6 tysięcy metrów n.p.m.
14. Cielistoróżowe.
15. Pozbawiony życia. Nieożywiony. Przeciwieństwo: „biotyczny".

ZAGADKI
przyrodnicze

1. Dlaczego rudzik chętnie towarzyszy przy pracach ogrodowych?
2. Co to jest głowacz białopłetwy?
3. Do czego używana bywa rukiew wodna?
4. Jakiego koloru dziób ma wrończyk?
5. Jaki ssak roznosił dżumę w średniowieczu?
6. Jak się nazywają roczne karpie?
7. Jakie drzewo bywa nazywane „złotym deszczem"?
8. Ile jaj składa maskonur?
9. Co to jest kolczak obłączasty?
10. Jaki ptak nigdy nie stawia nogi na suchym lądzie?
11. Jaka jest różnica pomiędzy kosmatką olbrzymią a kosmatką dębówką?
12. Jakie ptaki mają asymetryczne uszy?
13. Co to jest językznik zwyczajny?
14. Gdzie rośnie czarnorost gęsty?
15. Jaki ptak został spalony z rozkazu wicekanclerza Uniwersytetu Oksfordzkiego?

ODPOWIEDZI

1. Łatwiej może znaleźć pokarm w świeżo skopanej ziemi.
2. Mała, opatrzona kolcami na płetwach ryba słodkowodna, głównie rzek podgórskich.
3. Jako lekarstwo oraz warzywo, dodatek do mięs.
4. Czerwony.
5. Szczur wędrowny (chorobę przenosiły jego pchły). Epidemia, znana jako czarna śmierć, zabiła w XIV w. ponad jedną czwartą mieszkańców Europy.
6. Kroczki.
7. Złotokap, z powodu pięknych zwisających złocistych kwiatostanów.
8. Jedno, rzadko dwa.
9. Grzyb kapeluszowy, jadalny.
10. Pingwin cesarski. Żyje i rozmnaża się na antarktycznym lodzie.
11. Kosmatka olbrzymia jest rośliną z rodziny sitowatych, a kosmatka dębówka jest ćmą.
12. Sowy.
13. To paproć rosnąca w cienistych i wilgotnych lasach.
14. Ten porost porasta nadmorskie skały opryskiwane przez wodę.
15. Dodo. W owym czasie (XVIII w.) był to jedyny ocalały wypchany okaz, a powodem spalenia go było zniszczenie przez mole.

ZAGADKI
przyrodnicze

1. Samiec robaczka świętojańskiego nie świeci w ciemności. Prawda czy fałsz?
2. Jaki jedyny gatunek foki związany jest z wybrzeżem Morza Śródziemnego i Czarnego?
3. Skąd wzięła się nazwa sprężyków?
4. Ile lat musi rosnąć *Puia raimorid* z Peru, aby zakwitnąć?
5. Czy istnieje ptak o nazwie „wachlarzówka smolarka"?
6. Gdzie żyje skalinek czarny?
7. Co to jest zmięk żółty?
8. Z czego słynie altannik lśniący?
9. O jakim ptaku wiadomo, iż zabijał ludzi?
10. Gatunki z rodzaju *Zostera* to podobne do traw rośliny morskie rosnące wzdłuż wybrzeży, a także główne pożywienie bernikli i wielu kaczek. Jaka jest ich potoczna nazwa?
11. Gdzie znajdziesz gołąbka wymiotnego?
12. Co oznacza termin zapłodnienie krzyżowe?
13. Gdzie można spotkać łuszczyka czarnogardłego?
14. Samce krzyżodziobów mają czerwone ubarwienie. Jakiego koloru jest samica?
15. Czym wyróżnia się samiec narwala i gdzie można go spotkać?

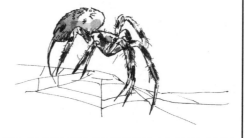

ODPOWIEDZI

1. Prawda. Tylko samica emituje zimne światło z odwłoka, by przywabić przelatującego samca.
2. Mniszka śródziemnomorska. Jej liczebność zmniejsza się wskutek zwiększonego ruchu turystycznego.
3. Gdy złapanego chrząszcza przewróci się na grzbiet, podskakuje jak na sprężynie i odwraca się w powietrzu.
4. 150 lat.
5. Tak. To pospolity australijski przedstawiciel podrodziny wachlarzówek, podobny do pliszki siwej.
6. Na Nowej Zelandii. Przypomina naszego rudzika, tylko jest czarny.
7. To chrząszcz.
8. To ptak australijskich lasów deszczowych. Samiec buduje misterne konstrukcje z gałązek, kwiatów i owoców w celu przywabienia samicy.
9. Chodzi o kazuara. Na Nowej Gwinei i w Australii żyją trzy gatunki tych ptaków. Ich długie, uzbrojone w bardzo ostre szpony nogi są groźną bronią przestraszonego ptaka.
10. Zwane są trawą morską.
11. To często spotykany w lasach iglastych grzyb o fioletowoczerwonym kapeluszu. Jest trujący i po spożyciu powoduje wymioty.
12. Występuje ono, kiedy jeden osobnik zapładnia drugiego osobnika tego samego gatunku. Jeśli dany osobnik zapładnia sam siebie, mamy do czynienia z samozapłodnieniem.
13. Ten podobny do wróbla ptak z Ameryki Północnej występuje na polach i w zaroślach.
14. Żółtawoszarozielonego.
15. Samce narwala mają pojedynczy cios, długości do trzech metrów, wyrastający ze szczęki ku przodowi. Występują w morzach Arktyki, zazwyczaj za kołem podbiegunowym.

ZAGADKI
przyrodnicze

1. Jaki drapieżnik najczęściej zagraża czareczce?
2. Co oznacza skrót S.A.C.?
3. Jaki krab ryzykuje utonięcie podczas rozrodu?
4. Jakiego koloru są kwiaty mikołajka nadmorskiego?
5. Co robi amerykański dydelf północny zaskoczony przez napastnika?
6. Jakie rozmiary może osiągnąć przydacznia olbrzymia?
7. Kiedy wymarł jeleń olbrzymi?
8. Dlaczego tak ważny jest ogon dla samca jaskółki?
9. Jak długo mogą żyć tropikalne pająki ptaszniki?
10. Jętki uważa się za najkrócej żyjące owady. Jak długo żyje postać dorosła?
11. Skąd wzięła się nazwa: alfeusz pistoletowy?
12. Co niezwykłego jest w oku kormorana?
13. Jakiego koloru są „jagody" jałowca?
14. Dlaczego płomykówka ma szlarę w kształcie serca?
15. Jakiego koloru jest czapeczka dzięcioła czarnego?

ODPOWIEDZI

1. Trąbik. Ślimak ten drąży otwór w jej muszli i wysysa miękkie tkanki.

2. Z angielskiego: obszar szczególnej ochrony.

3. Krab lądowy z Wysp Bożego Narodzenia na Oceanie Indyjskim. 120 milionów tych krabów zamieszkuje dno lasu, oddycha powietrzem atmosferycznym i nie umie pływać. Co roku muszą wędrować ponownie na wybrzeże, ponieważ ich larwy mogą przejść rozwój wyłącznie w morzu.

4. Bladoniebieskiego.

5. Leżąc zupełnie bez ruchu, z otwartymi oczami, udaje martwego. Jeśli to konieczne, może w tym stanie trwać godzinami.

6. Muszla przydaczni olbrzymiej może mieć ponad metr długości i ważyć do 180 kg.

7. Około 13 tysięcy lat temu. Miał olbrzymie poroże (rozpiętości do 3,6 m), które nie pozwalało mu poruszać się w nowo powstałym środowisku leśnym.

8. Długość i wygląd ogona u samca odzwierciedla zdrowie i kondycję ptaka. Z tego powodu samica wybiera partnera z dłuższym ogonem.

9. Mogą żyć do 25 lat.

10. Żyje zaledwie godzinę. Stadium nimfy, na dnie jeziora czy strumienia, żyje od dwu do trzech lat.

11. Od głośnego dźwięku wydawanego przez samce tych krewetek za pomocą powiększonych kleszczy.

12. W oku tym elastyczna soczewka może zmieniać kształt, umożliwiając kormoranowi lepsze widzenie na większych głębokościach.

13. Granatowe.

14. Ten kształt wspomaga słyszenie – ogniskuje dźwięki.

15. Szkarłatna (samica ma tylko małą plamę z tyłu głowy).

ZAGADKI
przyrodnicze

1. Co to znaczy, że lodowiec się cieli?
2. Co to jest maśleszka?
3. Co to jest zwierzę zmiennocieplne?
4. Prawo morskie jest częścią Prawa międzynarodowego i wyróżnia na morzach trzy strefy. Jakie?
5. Jaka roślina, będąca przedmiotem wielu zabobonów, miała krzyczeć przy jej wyrywaniu?
6. Jakie zwierzę morskie lubi korzystać z ruchomego domu?
7. Do jakiej rodziny należy wilżyna ciernista?
8. Jaki ptak robi największe gniazdo?
9. Co to jest lusterko u kaczki?
10. Jaki ptak, jako jedyny, zapada w sen zimowy?
11. Jak nazywa się największe zwierzę kopiące nory?
12. Jaki ptak był w średniowieczu symbolem miłości macierzyńskiej?
13. Jakiego koloru są owoce borówki brusznicy?
14. Co oznacza słowo wiecznie zielony w odniesieniu do drzewa?
15. Który z dużych ptaków uważany jest za dobry omen w wielu miejscach Europy?

ODPOWIEDZI

1 Oznacza to, że od brzegu lodowca odrywa się fragment, który następnie, dryfując po oceanie, tworzy górę lodową.

2 Ludowa nazwa lilii złotogłów.

3 Zwierzę, które nie potrafi regulować temperatury ciała, np. gad, ryba lub płaz.

4 Wody wewnętrzne, obejmujące porty, rzeki, jeziora i kanały. Wody terytorialne – obszar morski przyległy do danego państwa i prawnie do niego należący – około 4,8 km szerokości. Wody otwarte – poza wodami terytorialnymi.

5 Mandragora. To bylina o grubych korzeniach, białych kwiatach i żółtopomarańczowych jagodach; ma właściwości narkotyczne i lecznicze.

6 Nereida (wieloszczet). Raki pustelniki zamieszkują czasami puste muszle, zazwyczaj większe niż są im potrzebne, tę wolną przestrzeń często zajmują nereidy.

7 Do motylkowatych.

8 Wikłacz. Ptaki te budują wielkie kolonijne gniazdo, zawierające do 300 utkanych z trawy koszyczkowatych gniazd, przykrytych wspólnym kopulastym dachem. Cała budowla może osiągać około czterech metrów wysokości i 15 m średnicy.

9 Pas piór na skrzydle, zazwyczaj kontrastowego koloru.

10 Lelek zimnodrętw z Ameryki Północnej. W zimie ptak ten hibernuje ukryty w szczelinie skalnej, często tej samej co roku.

11 Wombat tasmański zamieszkujący południowo-wschodnią Australię. Zwierzę to wagą dorównuje owczarkom collie.

12 Pelikan; samica miała karmić pisklęta krwią z własnej piersi.

13 Czerwone.

14 Oznacza to, iż drzewo przez cały rok jest pokryte liśćmi.

15 Bocian biały.

Zdumiewające fakty

Opowieść o waleniu
Szkielet orki zwanej Old Tom znajduje się w muzeum w Eden, małej mieścinie w Nowej Południowej Walii. Ten sławny waleń wraz z towarzyszami zwykł był przyłączać się do miejscowych wielorybników i pomagać w chwytaniu i zabijaniu długopłetwców i finwali. Old Tom zaczął współpracować z ludźmi w 1843 i trwało to do 1930 roku. Nawet gdy na morzu nie było łodzi, stado orek otaczało walenia i wysyłało dwóch czy trzech członków, by zaalarmowali mieszkańców Eden, waląc w wodę ogonami. Wielorybnicy podążali za orkami i chwytali zdobycz.

Morski Einstein
Największym mózgiem na świecie może poszczycić się kaszalot. Jego mózg waży ponad 9 kg. Kaszalot jest też prawdopodobnie najgłębiej nurkującym morskim ssakiem, schodzi na ponad kilometr głębokości.

Śpiewający wieloryb
Każdy samiec długopłetwca ma własną pieśń, która może trwać do 35 minut.

Dostrojony
Żywiący się żabami nietoperz z Ameryki Środkowej może na podstawie głosu żaby rozpoznać, czy jest trująca, czy też nie.

Królewski kompas
Motyl monarch przemierza 3000 km, wykorzystując do nawigacji linie ziemskiego pola magnetycznego.

Kiść bananów
Każdego roku spożywamy ponad 40 milionów ton bananów, co czyni je najpopularniejszym owocem świata w menu człowieka!

ZAGADKI
o owadach

1. Co to jest pchła?
2. Co to jest kusak cezarek?
3. Co to jest pokładełko?
4. Jak nazywają się przednie skrzydła u chrząszczy?
5. Ile gatunków muchówek (rząd *Diptera*) żyje na świecie: 10, 50, 100 czy 500 tysięcy?
6. Czym różni się motyl dzienny od ćmy?
7. Jaki owad był przyczyną jednej z plag egipskich?
8. Biedronka jest chrząszczem. Prawda czy fałsz?
9. Co to są owady bezskrzydłe?
10. Co to są komarnice?
11. Skąd wzięła się nazwa modliszek?
12. Czy różnoskrzydłe i równoskrzydłe to dwie grupy ważek?
13. Błonkówki z grupy gąsieniczników są pasożytami. Na czym pasożytują?
14. Co to jest rybik piekarniany?
15. Co to jest błyszczka spiżówka?

ODPOWIEDZI

1. To mały, bezskrzydły, ssący krew owad o silnych skocznych odnóżach tylnych.

2. Jest to chrząszcz o zredukowanych pokrywach. W stanie zagrożenia unosi odwłok i rozwiera szeroko żuwaczki w postawie grożącej. Poluje nocą na ślimaki i inne bezkręgowce.

3. Wydłużony rurkowaty organ służący samicy do składania jaj w ziemi, pod korą drzew lub w ciałach innych zwierząt.

4. Pokrywy.

5. Rząd muchówek liczy 100 000 opisanych gatunków.

6. Jedyną różnicą jest kształt czułków: u motyli dziennych są one zakończone buławkowato, u ciem czułki są szczeciniaste, pierzaste itd.

7. Szarańcza.

8. Prawda.

9. To grupa owadów, u których brak skrzydeł jest cechą pierwotną.

10. To rodzaj muchówek, inaczej: koziułki. Istnieje wiele gatunków.

11. Od charakterystycznej sylwetki tych owadów, przypominającej modlącego się człowieka.

12. Tak. Podział ten odnosi się również do pluskwiaków.

13. Składają jaja w ciałach innych owadów. Samica gąsienicznika umieszcza po jednym jaju w każdej ofierze.

14. Jest to szczeciogonek bardzo podobny do rybika cukrowego, tylko bardziej brązowy. Ma na odwłoku trzy długie szczecinki i wybiera ciepłe miejsca, takie jak ciągi grzewcze i piekarnie.

15. Gatunek ćmy o mieniących się metalicznie zielono-brązowych skrzydłach.

ZAGADKI
przyrodnicze

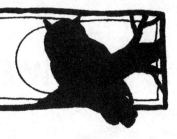

1. Co oznacza słowo „arboretum"?
2. Co to jest nektar?
3. Jak nazywa się największy europejski gryzoń?
4. Jakiego koloru są kwiaty jarzębiny?
5. Jaki jest największy kwiat na świecie?
6. Czy więcej zębów ma kot, czy pies?
7. Gdzie mógłbyś spotkać wstęgówkę pąsówkę?
8. Który nietoperz ma skrzydła największej rozpiętości?
9. Co to jest lebioda?
10. Co to jest *Aurora borealis*?
11. Co to jest minowanie liści?
12. Skąd pochodzi nazwa hipopotama?
13. Irlandia to jedyny europejski kraj, gdzie występuje paproć *Hymenophyllum wilsonii*. Prawda czy fałsz?
14. Jakim ptakiem był feniks?
15. Co to jest *Psilocybe semilanceata*?

ODPOWIEDZI

1. To ogród botaniczny, w którym uprawia się wyłącznie rośliny o zdrewniałych pędach (drzewa, krzewy).

2. To bogata w cukry ciecz produkowana przez kwiaty.

3. Bóbr europejski.

4. Białe z żółtym środkiem.

5. Kwiat bukietnicy Arnolda (*Rafflesia arnoldii*), zwanej raflezją. Może on osiągać 105 cm średnicy i wagę do 7 kg.

6. Pies, gdyż ma 42 zęby, a kot tylko 30.

7. Tę pospolitą ćmę spotykamy w ogrodach, przy brzegach rzek i innych wilgotnych miejscach. Postać dorosła lata od końca lipca do października.

8. Owocożerny kalong, którego skrzydła mają do 1,7 m rozpiętości.

9. To pospolita i szeroko rozprzestrzeniona roślina roczna, chwast terenów ruderalnych.

10. Inaczej: zorza polarna. Zwykle obserwowana na obszarach podbiegunowych w postaci świetlistych wstęg na nocnym niebie.

11. To działalność larw niektórych muchówek i motyli, polegająca na wygryzaniu korytarzy w miękiszu liścia (pomiędzy wierzchnią i spodnią warstwą skórki).

12. Z greki, oznacza „rzecznego konia".

13. Fałsz. Ten rzadki gatunek występuje, oprócz wybrzeży Irlandii, w południowo-zachodniej Anglii, Walii i Bretanii. Stanowi typowy przykład gatunku atlantyckiego.

14. Mitycznym. Ptak ten miał pochodzić z Arabii, być jedynym w swoim gatunku, żyć 500 do 600 lat na pustyni, spalać się w ogniu, by ponownie odradzać się z popiołów.

15. To mały grzyb, którego kapelusz (średnicy do 1 cm) przypomina kształtem nakrycie głowy noszone przez chłopów w czasie rewolucji francuskiej.

ZAGADKI
przyrodnicze

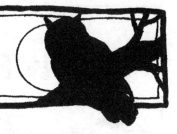

1. Czym zajmuje się ekolog?
2. Wydrzyk wielki ma drugą dobrze znaną nazwę. Jaką?
3. Ile nóg ma krab?
4. Jaki ptak, proporcjonalnie do swej wielkości, ma najmocniejszy dziób i mięśnie szczęk?
5. Co bada immunologia?
6. Co to jest kostrzewa?
7. Co to jest bobówka?
8. Co to jest jerzyk?
9. Jakie zwierzę jest bohaterem książki *Biały Kieł*?
10. Co to są zarodniki?
11. Szlaczkoń sylwetnik, rusałka osetnik i rusałka admirał mają wspólną cechę. Jaką?
12. Skąd wzięła się nazwa pójdźki?
13. Gdzie spotkasz diabła tasmańskiego?
14. Co to jest wzdręga?
15. Jak rozpoznać płeć ostrygi?

ODPOWIEDZI

1 Badaniem zależności między organizmami oraz pomiędzy nimi a wszystkimi aspektami (biotycznymi i abiotycznymi) ich środowiska.

2 Skua.

3 Dziesięć. Wszystkie krewetki, raki, kraby i homary mają pięć par odnóży krocznych.

4 Grubodziób, pospolity europejski łuszczak. Ptak ten ma solidny dziób i potężne mięśnie, dzięki czemu potrafi rozgryźć pestki wiśni. Nacisk wywierany przez dziób szacuje się na 68 kg na centymetr kwadratowy.

5 To dział medycyny zajmujący się odpornością.

6 To rodzaj traw.

7 Inaczej poczwarka baryłkowata. Typowa dla muchówek, osłonięta ostatnią wylinką larwalną.

8 Jerzyk jest ptakiem wędrownym, podobnym do jaskółek, lecz z nimi nie spokrewniony. W naszym kraju rozpowszechniony w miastach.

9 Wilk.

10 To komórki rozrodcze roślin (glonów, mchów, paprotników itp.) oraz grzybów, służące do rozmnażania bezpłciowego. W zarodnikach, w przeciwieństwie do nasion, brak zarodków.

11 Są to gatunki motyli odbywających długie wędrówki (zalatują m.in. na Wyspy Brytyjskie).

12 Od przenikliwego głosu „puijć", który często wydaje.

13 Na Tasmanii. Jest to drapieżny nocny torbacz.

14 Ryba słodkowodna z rodziny karpiowatych, typowa dla wód wolnopłynących.

15 Nie jest to łatwe, gdyż zmieniają one płeć z męskiej na żeńską w pewnych okresach.

ZAGADKI
przyrodnicze

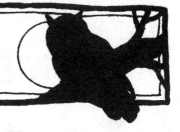

1. Gdzie na świecie znajdują się lasy tropikalne?
2. Jakiego koloru są kwiaty łubinu kosmatego?
3. Ilość osadów przedostających się co roku do oceanów oceniana jest na 175 milionów ton. 80% to rezultat tylko jednego z działań człowieka. Jakiego?
4. Jak zachowują się niektóre małe dusiciele z rodzaju *Tropidophis* w momencie zagrożenia?
5. Z jakiej rośliny pozyskuje się sizal?
6. W jaki sposób ścierwnik radzi sobie z jajem strusim?
7. Jaka roślina znajduje się w herbie Anglii?
8. W jaki sposób przemieszcza się ryba podnawka?
9. Co to jest jojoba?
10. Jak długo dinozaury panowały na świecie?
11. Co to jest smagla?
12. Jaki ptak nosi nazwę kozodoja?
13. Z czego znany jest chrząszcz kołatek?
14. Samica brzmika cicholota składa jaja pod skórą piskląt. Prawda czy fałsz?
15. Kormoran czubaty, bliski krewny naszego kormorana, gnieździ się w koloniach na wybrzeżach morskich. Nie spotyka się go w głębi lądu. Prawda czy fałsz?

ODPOWIEDZI

1. Lasy tropikalne leżą pomiędzy zwrotnikami Raka i Koziorożca.
2. Niebieskiego.
3. Pogłębiania rzek, by utrzymać ich żeglowność.
4. Nie tylko udają martwe, lecz wydzielają ponadto gnilny odór, a z błon śluzowych oczu i pyska wypływa krew.
5. Tego surowca dostarczają liście agawy.
6. Chwyta w dziób kamień i zrzuca na jajo.
7. Róża.
8. Ryba ta przyczepia się do wielorybów, rekinów i innych dużych zwierząt morskich i podróżuje jako „pasażer na gapę".
9. To pustynny krzew występujący w Arizonie, Kalifornii i Meksyku.
10. Przez około 140 milionów lat (człowiek istnieje około 2 milionów).
11. To barwna ryba z tropikalnych mórz.
12. Lelek. Częsty w naszym kraju.
13. Ten żywiący się drewnem chrząszcz powoduje znaczne zniszczenia w starych drewnianych budowlach. Jego nazwa pochodzi od odgłosu wydawanego przez dorosłe owady stukające głową w wyrytych w drewnie chodnikach. Kiedyś uważano, że stukot ten przepowiada czyjąś rychłą śmierć.
14. Fałsz. Samica tego gatunku składa jaja w gniazdach trzmiela, który karmi jej larwy zamiast swoich.
15. Prawda. Kormoran czubaty jest gatunkiem związanym ze środowiskiem morskim znacznie silniej niż nasz kormoran, który jest często spotykany wzdłuż rzek i na jeziorach śródlądowych.

ZAGADKI przyrodnicze

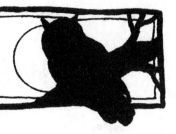

1. Gdzie ryba ma płetwy piersiowe?
2. Jaka grupa dinozaurów była roślinożerna?
3. Co to jest niska woda syzygijna?
4. Samotnik gnieździ się w północno-wschodniej Europie. Gdzie zazwyczaj składa jaja?
5. Co to jest wężówka?
6. W jakim języku tworzone są naukowe nazwy wszystkich gatunków?
7. Nogale pręgoskrzydłe z południowej Australii przez pięć miesięcy opiekują się gniazdem. Po wylęgu młodych żadne z rodziców nie zwraca na nie najmniejszej uwagi. Prawda czy fałsz?
8. W dawnych czasach pierwiosnek miał zastosowanie w medycynie ludowej. Jakie?
9. Co oznacza termin: ptak zalatujący?
10. Skąd wzięła się nazwa kaczenicy?
11. Co to jest ochotka piórkówka?
12. Jakiego koloru jest gąsienica wieczornicy olszówki?
13. Żarnowiec należy do rodziny motylkowatych. Prawda czy fałsz?
14. Co to są kotki?
15. Motyle kraśniki mają jaskrawe barwy, gdyż zawierają kwas pruski i są bardzo trujące. Prawda czy fałsz?

ODPOWIEDZI

1. Na spodniej stronie ciała, w pobliżu pokryw skrzelowych.
2. Zauropody. Należały tu olbrzymie, najcięższe czworonożne gady.
3. Jeden z rodzajów pływów, w którym różnica pomiędzy przypływem a odpływem jest najmniejsza. Sytuacja ta zdarza się w pierwszej i ostatniej kwadrze Księżyca, kiedy jest on w opozycji ze Słońcem i siły przyciągania grawitacyjnego obu ciał się równoważą.
4. W starych gniazdach drozdów czy grzywaczy w lasach iglastych.
5. To ptak o długiej szyi, spokrewniony z kormoranem.
6. W łacinie.
7. Prawda. Budowa gniazda i opieka nad nim zajmuje ptakom jedenaście miesięcy. Gniazdo ma formę olbrzymiego kopca ze szczątków roślinnych. Po 50 dniach z jaj wylęgają się pisklęta, które muszą przekopać się na powierzchnię i troszczyć o siebie, gdyż rodziców już nie obchodzą.
8. Napar z płatków miał uspokajać nerwy i działać nasennie.
9. To gatunek ptaka pojawiającego się na danym terenie nieregularnie bądź sporadycznie.
10. Kiedyś te morskie skorupiaki uważano za jaja bernikli.
11. To muchówka, której larwy żyją w mule wód stojących.
12. Czarna w jaskrawożółte pasy; całe jej ciało pokrywają niezwykłe buławkowato zakończone czarne włoski.
13. Prawda.
14. To nazwa nadawana zwieszającym się wiotkim kwiatostanom leszczyny, topoli i wierzb.
15. Prawda. Jaskrawe barwy tych motyli mają ostrzec potencjalnych drapieżników przed niebezpieczeństwem zjedzenia takiego owada.

ZAGADKI
przyrodnicze

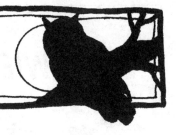

1. Co to jest dziesięcionóg?
2. Co to jest polip?
3. Populacja jeża w Irlandii ma znaczenie na skalę międzynarodową. Prawda czy fałsz?
4. Z jakim ogrodowym chwastem spokrewniona jest cykoria?
5. Co to jest zimnica?
6. Gdzie można znaleźć żurawinę?
7. Skąd pochodzi mrówka faraona?
8. Jakiego koloru kwiaty ma rzeżucha łąkowa?
9. Co to jest obojnak?
10. Jakiego koloru są oczy kormorana czubatego?
11. Jak brzmi botaniczna nazwa koziej stopki?
12. Jak powstaje czarci krąg?
13. Który z kotów nie może chować pazurów?
14. Czy gnu jest antylopą?
15. Skąd nazwa: ryby dwudyszne?

ODPOWIEDZI

1. Skorupiak o dziesięciu (pięciu parach) odnóżach krocznych.
2. Polipem nazywamy dojrzałą postać osiadłą parzydełkowców. Ma kształt cylindra z otworem gębowym otoczonym ramionami i jamą chłonno-trawiącą wewnątrz. Do parzydełkowców zaliczamy m.in. stułbiopławy, krążkopławy i koralowce.
3. Prawda. Jeż jest w Europie gatunkiem zagrożonym wyginięciem, stąd liczna populacja w Irlandii ma duże znaczenie.
4. Z mniszkiem lekarskim. Liście cykorii nadają się na sałatki.
5. Płastuga podobna do gładzicy, lecz mniejsza, płytkowodna.
6. Na torfowiskach wysokich.
7. Została zawleczona z Indii.
8. Białe lub bladoliliowe.
9. To organizm, który ma zarówno męskie, jak i żeńskie narządy rozrodcze (w jednym osobniku).
10. Zielone.
11. Podagrycznik właściwy. W czasach rzymskich roślinę wykorzystywano jako warzywo i lekarstwo na rwę kulszową i dnę.
12. Powoduje go promieniście rozrastająca się grzybnia niektórych grzybów kapeluszowych. Z czasem grzybnia pośrodku zamiera, a młodsza część wytwarza owocniki na granicy swego zasięgu układające się w koła. Wiek jednego z takich kręgów oszacowano na 200 lat.
13. Gepard.
14. Tak.
15. W przeciwieństwie do większości ryb mają one oprócz skrzeli również swoiste płuco, co umożliwia im przebywanie poza wodą przez jakiś czas.

ZAGADKI
przyrodnicze

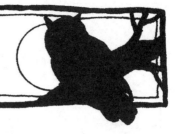

1. Która z tych planet krąży najbliżej Słońca: Jowisz, Merkury czy Wenus?
2. Gdzie spotkasz glony z gatunku *Rhodymenia palmata*?
3. Gdzie znajduje się największy w świecie podmorski park narodowy?
4. Jak nazywa się największy motyl?
5. Jak nazywa się ogon lisa?
6. Który ptak szuka pokarmu, chodząc pod wodą?
7. Co jest główną rośliną żywicielską modraszka adonisa?
8. Co to jest śledzionka skalna?
9. W jaki sposób oddychają larwy komarów?
10. Co to są gady?
11. Co to jest markaczka?
12. Irlandzka populacja żaby trawnej ma znaczenie w skali europejskiej. Prawda czy fałsz?
13. Gdzie szukałbyś ostrzenia pospolitego?
14. Czy jenot jest spokrewniony z psem?
15. Rybitwa białoczelna to najmniejsza europejska rybitwa. Gdzie gniazduje ten gatunek?

ODPOWIEDZI

1. Merkury.
2. Na morskim brzegu. Ten glon ma silny smak pieprzu.
3. Narodowy Park Wielkiej Rafy Koralowej w Australii. Ma powierzchnię 207 tys. kilometrów kwadratowych. Występują w nim m.in. długopłetwiec, rekin wielorybi, żółwie morskie, ponad 1500 gatunków ryb i 350 gatunków koralowców.
4. To *Ornithoptera alexandrae*, zagrożony wyginięciem gatunek z Papui Nowej Gwinei.
5. Kita.
6. Pluszcz. Częsty w Europie ptak wróblowaty.
7. Komonica.
8. To paproć rosnąca na skałach i murach. Dolna strona liści pokryta jest rdzawoczerwonymi łuseczkami.
9. Za pomocą tak zwanego syfonu, rurki oddechowej umieszczonej na końcu ciała i umożliwiającej pobieranie powietrza atmosferycznego znad powierzchni wody.
10. To oddychające powietrzem atmosferycznym kręgowce, w rozwoju których brak stadium larwalnego. Ciało pokrywa łuska i niekiedy płytki kostne.
11. Gatunek kaczki morskiej.
12. Prawda. Chociaż w Irlandii jest to gatunek pospolity i rozpowszechniony, w pozostałych krajach Unii Europejskiej ma status gatunku o zmniejszającej się liczebności.
13. Roślina ta lubi suche trawiaste bądź piaszczyste siedliska.
14. Tak. Jest to niewielki psowaty o krótkich nogach, nieco podobny do szopa. Pochodzi ze wschodniej Azji, obecnie rozprzestrzeniony w wielu miejscach w Europie.
15. Lęgi odbywa zazwyczaj w niewielkich koloniach na piaszczystych plażach na wybrzeżu i w głębi lądu. Zwykle składa dwa do trzech jaj w płytkim dołku wśród kamieni i muszli, co sprawia, iż gniazdo jest trudne do zauważenia.

ZAGADKI
przyrodnicze

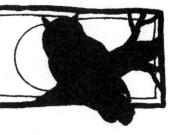

1. Który z cesarzy rzymskich wiedział, że w dniu jego urodzin nastąpi zaćmienie Słońca?
2. Czy dąb ostrolistny jest zimozielony?
3. Pisklęta przepiórek przed wykluciem z jaj „rozmawiają ze sobą". Prawda czy fałsz?
4. Co jest rośliną żywicielską marzymłódki proporca?
5. Co to jest zorzynek rzeżuchowiec?
6. Jak nazywa się nauka o zachowaniu się zwierząt?
7. Jakiego koloru są kwiaty listery jajowatej?
8. Co to jest tokowisko?
9. Tłustosz należy do szczególnej grupy roślin. Na czy polega jego niezwykłość?
10. Jaki ptak nie wykole oka drugiemu według przysłowia?
11. Jaka roślina znajduje się w herbie Walii?
12. Jaki kolor ma drewno chruściny jagodnej?
13. Sójka należy do rodziny krukowatych. Prawda czy fałsz?
14. Jakiego koloru są nogi nurnika?
15. Co to jest mundżak?

ODPOWIEDZI

1. Klaudiusz.
2. Tak. Do rodzaju dąb należą zarówno gatunki zrzucające liście zimą, jak i zimozielone.
3. Prawda. Pisklęta niejako zgrywają czas swego wylęgu.
4. Starzec.
5. Motyl. Samiec ma pomarańczowożółte plamy na przednich skrzydłach.
6. Etologia.
7. Zielone.
8. To miejsce, na którym samce niektórych gatunków ptaków gromadzą się, by współzawodniczyć między sobą o względy samic, popisując się wyglądem i głosem.
9. Ta wieloletnia roślina torfowisk i mokradeł jest owadożerna.
10. Kruk.
11. Por.
12. Różowy. To twarde o drobnych słojach drewno jest cenione przez wytwórców mebli.
13. Prawda.
14. Czerwonego.
15. Gatunek niewielkiego jelenia. Introdukowany w Europie (m.in. na początku XX w. sprowadzony do Wielkiej Brytanii z Chin i Tajwanu).

Zdumiewające fakty

Spadną głowy
Podczas zaćmienia Słońca w Chinach w 2136 r. p.n.e. ludzie myśleli, że Słońce zostaje pożarte przez smoka. Chiński cesarz rozkazał ściąć nadwornych astronomów za to, że nie ostrzegli go przed groźnym potworem.

Odpływ
Czy zastanawialiście się kiedykolwiek, dlaczego woda, spływając z wanny, kręci się zgodnie z ruchem wskazówek zegara na półkuli północnej, a odwrotnie na półkuli południowej? Dzieje się tak wskutek ruchu obrotowego Ziemi i działania tzw. siły Coriolisa.

Zobaczyć znaczy uwierzyć
Liśćce to owady naśladujące liście nie tylko kolorem i kształtem, ale nawet poruszające się niczym liść drżący na wietrze.

Podwójny wzrok
Wiele gatunków z rodziny grzechotników ma koło oczu narządy policzkowe, tworzące dodatkowe narządy zmysłu. Są one czułe na ciepło i pomagają wężowi zlokalizować stałocieplną zdobycz w całkowitej ciemności.

Wyczynowy lotnik
Rybitwa popielata spędza najwięcej czasu w świetle dziennym spośród wszystkich zwierząt na świecie, gdyż rozmnaża się wokół Oceanu Arktycznego, północnego Atlantyku i Pacyfiku, a na zimę wędruje w rejony bieguna południowego, gdzie w tym czasie trwa antarktyczne lato. Oznacza to, iż co roku przebywa 32 tysiące kilometrów (co za podróż!). Rybitwy popielate mogą przeżyć przynajmniej 34 lata, tak więc w ciągu swego życia przemierzą ponad milion kilometrów.

ZAGADKI
o waleniach

1. Ile gatunków waleni znanych jest na świecie?
2. Jak zbudowany jest ogon waleni? Czy ma szkielet kostny?
3. Walenie jakiego gatunku nazywane są czasami „kanarkami morskimi"?
4. Co oznacza termin „szpiegowanie" w stosunku do wielorybów?
5. Jak postępują delfiny z rannym towarzyszem?
6. Ile otworów nosowych mają fiszbinowce. Dwa czy jeden?
7. Kaszaloty, delfiny, morświny, narwale i wale dziobogłowe są określane jako...
8. Skąd pochodzi szkielet płetwala błękitnego wystawiany w Muzeum Historii Naturalnej w Londynie?
9. Jak określa się młode wielorybów?
10. Dorosła białucha jest całkowicie biała, jakiej barwy są jej młode?
11. W jaki sposób walenie orientują się w morzu?
12. Młode walenie rodzą się głową do przodu. Prawda czy fałsz?
13. Jak inaczej nazywa się delfin gangesowy?
14. Co wiesz o Pelorus Jacku?
15. Który z waleni jest największy na świecie?

ODPOWIEDZI

1. 79 gatunków.
2. Ogon waleni zbudowany jest z ułożonych poziomo dwóch płatów ciała miękkiego pozbawionych szkieletu.
3. Białuchy, z powodu dużej różnorodności i częstotliwości wydawanych dźwięków.
4. Jeśli wieloryb chce zorientować się w sytuacji nad powierzchnią wody, wynurza pionowo głowę i „szpieguje".
5. Otaczają go i podtrzymują przy powierzchni wody, aby mógł swobodnie oddychać.
6. Dwa.
7. ...zębowce.
8. Z portu Wexford, gdzie osiadł na płyciźnie 25 marca 1891 roku. Szkielet nie był wystawiany aż do 1933 roku.
9. Cielęta.
10. Szarobrunatne.
11. Wykorzystując echolokację pod wodą, podobnie jak nietoperze w powietrzu.
12. Fałsz. Rodzą się ogonem do przodu, co znacznie skraca czas przebywania pod wodą bez zaczerpnięcia pierwszego oddechu i chroni je przed utopieniem.
13. Suzu.
14. Był to delfin z gatunku risso, przez 30 lat „przeprowadzający" statki płynące przez przesmyk Pelorus w Cieśninie Cooka (Nowa Zelandia).
15. Płetwal błękitny (do 33 m długości).

ZAGADKI
przyrodnicze

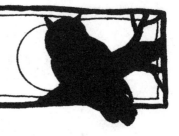

1. Gdzie i kiedy zaobserwowano największe nagromadzenie gryzoni na świecie?
2. Co oznacza termin makrosmatyczny?
3. Co to jest latarnia Arystotelesa?
4. Łyska jest ptakiem jezior, stawów i starorzeczy. Jakiego koloru jest jej dziób?
5. Co to jest spadź?
6. „Ryba ryba rak rak, świerzbi świerzbi drap drap" to opis śpiewu pospolitego nadwodnego ptaka. Którego?
7. Samiec suma pilnuje ikry i narybku. Prawda czy fałsz?
8. Czym zajmuje się dendrochronologia?
9. W jaką witaminę obfitują owoce dzikiej róży?
10. Co to są nury?
11. Co to jest areał zwierzęcia?
12. Co oznacza słowo „parr"?
13. Jakie państwo ma na fladze liść klonu?
14. Co to są chwasty?
15. Jak nazywa się mieszkanie bobra?

ODPOWIEDZI

1. W 1926 r. w hrabstwie Kern w Kalifornii odkryto kolonię myszy domowej, liczącej 205 tys. osobników na hektar.
2. Zwierzę obdarzone dobrze rozwiniętym węchem.
3. Narząd gębowy jeżowców.
4. Białego.
5. Bogata w cukry wydzielina produkowana przez mszyce.
6. Trzciniaka.
7. Prawda.
8. Jest to metoda określania wieku na podstawie badania pierścieni przyrostu rocznego drzew.
9. W witaminę C.
10. To rodzaj dużych ptaków wodnych liczący cztery gatunki. W Polsce rzadko spotykane.
11. Oznacza obszar zajmowany przez dany gatunek, populację, osobnika czy parę.
12. To młodociane, żyjące w wodach słodkich, stadium łososia. Przebywa w rzekach około dwu lat, by w fazie zwanej „smolt" podjąć wędrówkę do morza.
13. Kanada.
14. To rośliny synantropijne, występujące dziko wśród roślin uprawnych.
15. Żeremie.

ZAGADKI
przyrodnicze

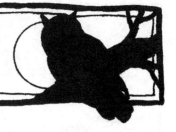

1. Jak nazywa się nasz najmniejszy perkoz?
2. Jaki kolor mają owoce głogu?
3. Co to jest mumiyo?
4. Czym żywi się wydra?
5. Co to jest kolcolist?
6. Wygląda jak sokół wędrowny w miniaturze. Jaki to ptak?
7. Co jest rośliną żywicielską modraszka ikara?
8. Co wspólnego mają następujące gatunki ptaków: oknówka, jerzyk, muchołówka szara i trzciniak?
9. Co to jest tzw. błona migawkowa?
10. Łomka zachodnia jest rośliną torfowisk i mokradeł. Jaki kolor mają jej kwiaty?
11. DNA jest złożoną cząsteczką zawierającą przepis na wytworzenie kopii organizmu. Co oznacza ten skrót?
12. *Araucaria araucana* jest nazwą naukową drzewa szpilkowego sprowadzonego z Chile do Anglii w końcu XVIII w. Jak brzmi jego polska nazwa?
13. Co to jest ogończyk brzozowiec?
14. Holenderską chorobę wiązów powoduje grzyb. W jaki sposób przenosi się ona z drzewa na drzewo?
15. Co to jest detrytus?

ODPOWIEDZI

1   Perkozek.
2   Ciemnoczerwony.
3   To oleista substancja zwracana w odruchu obronnym przez niektóre ptaki morskie. W Antarktyce oznaczono za pomocą metody radiowęglowej wiek jej pokładów, tworzących się w ciągu tysięcy lat na terenie kilku kolonii lęgowych, i uzyskano wartość 34 tysięcy lat.
4   Przede wszystkim rybami, rakami i żabami.
5   To krzew z rodziny motylkowatych.
6   Kobuz.
7   Lucerna.
8   Wszystkie wędrują na zimę do Afryki.
9   To trzecia powieka, przytwierdzona do dośrodkowego kąta oka, przesuwająca się w kierunku bocznym do ruchu powiek.
10 Są pomarańczowożółte. Roślina należy do rodziny liliowatych.
11 Kwas dezoksyrybonukleinowy (ang. deoxyrybonucleic acid). Nic dziwnego, że wolimy używać skrótu!
12 Araukaria (lub igława) chilijska.
13 Motyl.
14 Za pośrednictwem kornika, ogłodka wiązowca. Grzyb prawdopodobnie pochodzi z Azji, a nie z Holandii. Choroba ta zdziesiątkowała wiązy w wielu miejscach Europy.
15 Są to martwe szczątki organiczne (odchody, liście itp.), zwykle silnie rozdrobnione.

ZAGADKI
przyrodnicze

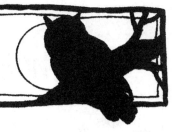

1. Do jakiej grupy roślin należy kręczynka jesienna?
2. Czym zajmuje się oologia?
3. Większość traw jest wiatropylna. Prawda czy fałsz?
4. Czym różni się dziób orła od dzioba sokoła?
5. Czym są paliwa kopalne?
6. Kiedy powstało życie na Ziemi?
7. Pewne obszary Antarktyki pokrywał kiedyś las. Prawda czy fałsz?
8. Co to jest tundra?
9. Czy wszystkie drzewa szpilkowe mają zimą igły?
10. Mysikrólik buduje gniazdo w kształcie głębokiej czarki, z mchów i porostów oraz przędzy pajęczej. Ile znosi jaj?
11. Co to jest gila?
12. Jaka jest największa żaba świata?
13. Pchła może skoczyć na odległość dwustukrotnie przekraczającą jej długość. Prawda czy fałsz?
14. Na czym polega różnica między nosorożcem białym a indyjskim?
15. U którego gatunku z rodziny jeleniowatych obie płci mają rogi?

ODPOWIEDZI

1. To storczyk rosnący na łąkach i pastwiskach. Kwitnie od sierpnia do października.
2. Badaniem jaj ptasich.
3. Prawda.
4. Dziób orła na skraju górnej części nie ma ostrego zęba.
5. Są to złoża materii organicznej przeobrażonej pod wpływem ciśnienia i procesów rozkładu, które eksploatuje się, by uzyskać źródła energii. Określamy tak ropę, gaz i węgiel.
6. Około 3,8 mld lat temu.
7. Tak. Znaleziono tam węgiel i kopalne szczątki roślin i zwierząt.
8. Strefa roślinności bezdrzewnej, charakterystyczna dla obszarów podbiegunowych, głównie na półkuli północnej.
9. Nie, niektóre je tracą, np. modrzew.
10. Gniazduje dwa razy do roku, w jednym zniesieniu zwykle 7–10 jaj, niekiedy aż 13.
11. Inaczej: heloderma arizońska. To jadowita jaszczurka z południa Stanów Zjednoczonych.
12. Żaba goliat z Afryki Zachodniej. Osiąga długość 40 cm i wagę około 3 kg.
13. Prawda.
14. Nosorożec indyjski ma tylko jeden róg, biały dwa.
15. U rena.

ZAGADKI przyrodnicze

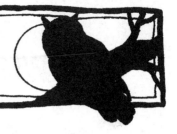

1. Do jakiej rodziny węży należy kobra egipska?
2. Czym zajmuje się patologia?
3. Pszczoły mają sześć skrzydeł. Prawda czy fałsz?
4. Jakie zwierzę nosi miano „okrętu pustyni"?
5. Jak nazywamy pisklę orła?
6. Który ssak o obfitej sierści żyje na znacznych wysokościach w Tybecie?
7. Gdzie znajduje się większość światowych zasobów słodkiej wody?
8. Jaki produkt naturalny jest, proporcjonalnie do masy, wytrzymalszy niż stal, bardziej rozciągliwy od gumy i mocniejszy od kamizelki kuloodpornej?
9. Które ze stworzeń, prócz człowieka, wprawia szyby w swoją siedzibę?
10. Co to jest tektonika płyt?
11. Jakie zwierzęta mają „wbudowane" kamizelki ratunkowe?
12. Jaka jest sprawność energetyczna robaczka świętojańskiego w porównaniu z żarówką?
13. Które zwierzę poważnie zagraża koralowcom Wielkiej Rafiy Koralowej?
14. Ile wody może pobrać z ziemi dąb średniej wielkości?
15. Co to jest skala Richtera?

ODPOWIEDZI

1. Do rodziny zdradnicowatych.
2. Badaniem chorób.
3. Fałsz. Pszczoły mają cztery skrzydła.
4. Wielbłąd.
5. Orlątkiem.
6. Jak.
7. W Antarktyce, gdzie pod postacią lodu uwięzionych jest 90% światowych zapasów.
8. Nić pajęcza.
9. Niektóre gatunki tropikalnych os używają śliny do wyrobu twardniejących przejrzystych okienek. Wstawiają je następnie w zewnętrzną warstwę gniazda, jak szyby okienne.
10. To teoria procesów zachodzących w zewnętrznej warstwie globu, mówiąca, że skorupa ziemska składa się z pewnej liczby płyt, poruszających się na powierzchni magmy i zderzających ze sobą.
11. Foki. Wiele gatunków tych zwierząt śpi w wodzie. By nie utonąć, napełniają swe gardła powietrzem, co utrzymuje je na powierzchni, tak jak kamizelka ratunkowa człowieka.
12. Większość żarówek zamienia 97% energii elektrycznej na ciepło, a robaczek świętojański aż 90% na światło.
13. Rozgwiazda zwana koroną cierniową.
14. Aż 637 litrów dziennie. Proces ten odbywa się przy udziale światła słonecznego. W miarę parowania wody z liści (transpiracji), jest ona przewodzona od korzeni przez naczynia w pniu i gałęziach.
15. Skala, według której mierzy się siłę wstrząsów tektonicznych.

ZAGADKI
przyrodnicze

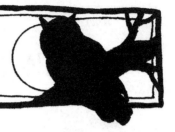

1. Środek obrony jakiej rośliny działa na zasadzie strzykawki?
2. Ile procent kuli ziemskiej jest stale pokryte lodem?
3. Jakie jest najdłuższe pasmo górskie?
4. Dromader ma dwa garby. Prawda czy fałsz?
5. Ilu gatunkom zwierząt grozi zagłada w rezultacie wyginięcia jednego gatunku rośliny: 5, 10, 20 czy 30?
6. Jaką rolę spełnia warstwa ozonowa?
7. Glony morskie mogą mieć trzy kolory. Jakie?
8. Co oznacza angielski skrót CFC?
9. Jaką odległość może przebyć w powietrzu ryba latająca?
10. Liśćmi którego drzewa żywi się gąsienica jedwabnika?
11. Ile procent wszystkich gatunków żyjących kiedykolwiek na Ziemi stanowią gatunki wymarłe?
12. Co to są ryby litofilne?
13. Wszystkie szpilkowe mają szyszki. Prawda czy fałsz?
14. Samica królika zaroślowego może mieć sześć miotów po pięć młodych rocznie. Gdyby całe jej potomstwo przeżyło i rozmnożyło się, jak duża byłaby jej rodzina po sześciu latach?
15. Co to jest balsa?

ODPOWIEDZI

1. U pokrzywy. Najlżejszy dotyk sprawia, iż parzący włosek odłamuje się i wbija w skórę. W tym czasie ze zbiorniczka na jego końcu wydostaje się mieszanina histaminy i kwasu mrówkowego o działaniu podobnym do jadu osy.
2. 10%.
3. Andy w Ameryce Południowej.
4. Fałsz. Dromader ma jeden garb.
5. Zdaniem naukowców wymrzeć mogłoby nawet 30 gatunków.
6. Chroni Ziemię przed szkodliwym promieniowaniem ultrafioletowym Słońca.
7. Czerwone (krasnorosty), brązowe (brunatnice) i zielone (zielenice).
8. Chlorofluorowcowęglowodory – związki chemiczne niszczące warstwę ozonową.
9. Najwyżej 275 m. Lot odbywa się na wysokości 1,2 do 1,5 metra z prędkością do 65 km/h.
10. Morwy.
11. 90%.
12. Składają one ikrę na twardym, piaszczysto-kamienistym podłożu w płytkiej wodzie.
13. Fałsz. Niektóre wytwarzają nasiona otoczone mięsistą osnówką (np. cis).
14. 11 milionów! Na szczęście liczebność populacji jest regulowana przez drapieżniki i choroby.
15. Bardzo lekkie (lżejsze nawet od korka) drewno drzewa o tej samej nazwie, spokrewnionego z baobabem.

ZAGADKI
przyrodnicze

1. Rusałka pawik, admirał i kratkowiec żywią się tą samą rośliną. Jaką?
2. Ile procent roślin, ptaków i ssaków świata zamieszkuje tropikalne lasy deszczowe?
3. Jakie rośliny zajmują największy obszar na kuli ziemskiej?
4. Co to jest „kuźnia"?
5. Jak nazywane są roczne niedźwiadki?
6. Gdzie znajduje się największy zwierzęcy „żłobek"?
7. Z czego zbudowany jest róg nosorożca?
8. Jaki jest największy gatunek kota?
9. Jak długo może trwać walka dwóch mszyc topolowych o liść topoli?
10. Jaki ptak jest symbolem pokoju?
11. Ile macek ma kalmar?
12. Czy pantera, leopard i lampart to jeden gatunek?
13. W dawnych czasach ludzie używali do pisania ptasich piór. Jaki ptak ich dostarczał?
14. Jaki ptak występuje w herbie Stanów Zjednoczonych?
15. Co to jest tasznik?

ODPOWIEDZI

1. Pokrzywą.
2. 50%.
3. Plankton.
4. Miejsce na drzewie, gdzie dzięcioły umocowują szyszki i wydziobują z nich nasiona.
5. To piastuny.
6. W Carlsbad Cavern w stanie Nowy Meksyk w USA, gdzie żyje ponad 20 mln molosów brazylijskich. Co noc młode nietoperze (około 2 tys. na metr kwadratowy) są zostawiane w jaskini, gdy ich matki wyruszają na żer.
7. Z keratyny.
8. Tygrys.
9. Mieszkaniec liścia próbuje zrzucić przybysza, który powraca i stara się wyrzucić gospodarza. Walka może trwać dwa do trzech dni.
10. Gołąb.
11. Dziesięć.
12. Tak.
13. Gęś.
14. Bielik amerykański.
15. Pospolita biało kwitnąca roślina nieużytków. Nasiona ukryte są w zielonych łuszczynkach.

ZAGADKI
przyrodnicze

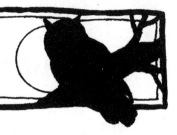

1. Co to jest biegus malutki?
2. Co to jest serdusznik?
3. Dlaczego ptaki rzadko gnieżdżą się wśród czarnego bzu?
4. Z czego zbudowana jest skorupka ptasiego jaja?
5. W jaką witaminę bogate są owoce róży szypszyny?
6. Samica okonia może w czasie tarła złożyć do 200 tys. jajeczek. Prawda czy fałsz?
7. Do czego porównuje się kształt skrzydła jerzyka w locie?
8. Ile gatunków pluszcza żyje na świecie: 4, 34 czy 94?
9. Ile jest gatunków kukułek: 100, 130 czy 172?
10. Jak porusza się większość krabów?
11. Co jest ulubionym pożywieniem szczygłów?
12. Co to jest homarzec norweski?
13. Co to są zootoksyny?
14. Skąd wzięły nazwę wątrobowce?
15. Co to jest wikłacz ognisty?

ODPOWIEDZI

1. To najmniejszy europejski biegus. W Polsce pojawia się na jesiennych przelotach.

2. Jeżowiec występujący w piaszczystym dnie morskim poniżej strefy pływów.

3. Jego liście wydzielają bardzo nieprzyjemny zapach przypominający myszy. Uważa się, że właśnie dlatego ptaki unikają tej rośliny.

4. Z węglanu wapnia i małej ilości składników organicznych.

5. W witaminę C.

6. Prawda. Ilość składanej ikry waha się jednak w zależności od jej masy ciała. Tylko największe osobniki o wadze 2 kg są w stanie złożyć ponad 200 tys. jajeczek.

7. Do sierpu. Ptak ten osiąga zwykle prędkość ponad 96 km/h, a prawdopodobnie dwakroć więcej w locie nurkowym.

8. Tylko 4 gatunki, w tym jeden w Polsce.

9. Około 130 gatunków.

10. Kraby chodzą bokiem.

11. Oset. Szczygły żywią się jego nasionami od połowy lata.

12. Jadalny dziesięcionóg, przypominający homara.

13. To toksyny (jady) pochodzenia zwierzęcego, np. jad węża.

14. Nazwa ich odnosiła się początkowo tylko do jednej grupy, plechowatych, nieco podobnych kształtem do wątroby. Następnie objęto tą nazwą również wątrobowce ulistnione, w niczym nieprzypominające tego narządu.

15. Niewielki ptak afrykański z przewagą czerwieni w ubarwieniu.

Niektóre reguły i prawa przyrodnicze

Czym są reguły? Są to twierdzenia dotyczące obserwowanych prawidłowości wśród zjawisk naturalnych. Podobnie jak w życiu, nie ma reguł czy praw bez odstępstw.

Reguła Allena (zaproponowana przez J.A. Allena w 1876 r.). Zwierzę stałocieplne w klimacie chłodniejszym ma przeważnie krótsze wystające części ciała proporcjonalnie do swej wielkości niż przedstawiciele tego samego gatunku żyjący w ciepłym klimacie. Powodem jest szybsza utrata ciepła przez wystające części ciała, co jest niekorzystne w środowisku chłodnym.

Reguła Bergmana (zaproponowana przez C. Bergmana w 1847 r.). Populacje gatunku pochodzące z klimatu chłodniejszego składają się z osobników większych niż populacje z cieplejszego klimatu. Przyczyną jest proporcjonalnie mniejsza utrata ciepła przy większych rozmiarach, co jest korzystne w zimnych siedliskach.

Prawo minimum Liebiga (sformułowane przez J. von Liebiga 1803-73). Możliwość rozwoju organizmu określa ten składnik, którego jest najmniej. Staje się on czynnikiem ograniczającym.

Reguła Glogera (zaproponowana przez Constantina W.L. Glogera 1803-63). Osobniki wielu gatunków ssaków, ptaków i owadów mają ciemniejsze ubarwienie w klimacie wilgotnym, a jaśniejsze w suchszym. Być może jest to przystosowanie ochronne.

Reguła Hessego (zaproponowana przez R. Hessego w 1921 r.). U zwierząt stałocieplnych osobniki żyjące w zimnych regionach mają proporcjonalnie większą masę serca niż osobniki z cieplejszych stanowisk.

Reguła Romera (zaproponowana przez Alfreda S. Romera 1894–1973). Efektem wielu zmian ewolucyjnych ma być możliwość prowadzenia przez organizmy tego samego trybu życia, nie zaś przystosowanie do nowego. Przykładowo, ewolucja elementów kostnych rybich płetw umożliwiła im wędrowanie na lądzie w poszukiwaniu innych zbiorników w miarę osuszania się klimatu.